于漪 主编

"青青子衿"传统文化书系

法治之源

孙汉青 编著

山西出版传媒集团
山西教育出版社

图书在版编目（CIP）数据

法治之源/孙汉青编著. —太原：山西教育出版社，2016.5（2022.6重印）
（"青青子衿"传统文化书系/于漪主编）
ISBN 978-7-5440-8347-8

I. ①法… Ⅱ. ①孙… Ⅲ. ①中华文化-通俗读物 Ⅳ. ①K203-49

中国版本图书馆 CIP 数据核字（2016）第 065529 号

法治之源
FAZHI ZHI YUAN

责任编辑	郭文礼
助理编辑	晋晓敏
复　　审	刘晓露
终　　审	郭志强
装帧设计	薛　菲　孟庆媛
印装监制	蔡　洁

出版发行	山西出版传媒集团·山西教育出版社
	（太原市水西门街馒头巷 7 号　电话：：0351-4729801　邮编：030002）
印　　装	北京一鑫印务有限责任公司
开　　本	889×1194　1/32
印　　张	8.375
字　　数	176 千字
版　　次	2016 年 5 月第 1 版　2022 年 6 月第 2 次印刷
印　　数	8 001—11 000 册
书　　号	ISBN 978-7-5440-8347-8
定　　价	48.00 元

如发现印装质量问题，影响阅读，请与印刷厂联系调换。电话：010-61424266

序言

文化是民族的血脉，是人的精神家园。

一颗没有精神家园的心灵，就会浮游飘荡，既不可能潜心思考自己生命的意义与价值，也不可能对他人有真挚的情感关切，更不可能对社会有发自肺腑的责任感。

中华传统文化源远流长，其中的优秀遗产积淀着中华民族最深层的精神追求，代表着中华民族独特的精神标志，为中华民族生生不息发展壮大提供了丰厚滋养。他哺育了一代代中华优秀儿女，支撑他们成为中国的脊梁。

成长中的青少年认真汲取其中的精华和道德精髓，就会长智慧，明方向，增力量，懂得自己根在何处，魂在何方。经典活在时间的深处；价值追求，在文字海洋里奔腾。《"青青子衿"传统文化书系》助你发现其中蕴含的优秀文化基因，探寻当下时代的使命，让您有渴饮琼浆的快乐，醍醐灌顶的惊喜。

于潇 2015年岁末

前言

我国政府有一项非常重要的共识,那就是要"依法治国、依法执政,加强法治"。结合近年来的实际情况(比如贪腐严重、权力滥用等问题)来看,加强法治建设是当务之急,刻不容缓。

那么我们该走怎样的法治道路呢?这就需要我们冷静下来,认真考虑自己的法治传统,审视自己固有的法治资源。古代中国固然不是一个现代意义上的"法治"国家,但我们的传统文化中却存在大量"法"文化资源,挖掘、梳理、思考、利用这些资源,对我们今天的法治建设仍然具有启发和借鉴意义。"法治"是我国古已有之的概念,但是古代的"法治"与近现代由西方引入的"法治"概念(Rule of Law)并不完全相同。中国古代要说法治,也只是"君主法治""帝制法治""专制法治",或者说是"官僚法治"(参见李连贵《法治是什么》一书),而非民主法治。然而,这两种"法治"之间并非毫无联系,从贵族法治到君主法治、官僚法治,再到民主法治,正是我国必经的法治之路。要建设社会主义法治国家,很有必要回望来路,检视传统。

本书并不是法律类专业书籍,而是从弘扬和传承中华民族传统优秀文化的立场出发,帮助青少年朋友认识、了解中国传统文化中的法治思想。

全书共分八章,基本按照古代法治思想的流派和特征来划分。第一章"法治源流",追根溯源,从传统典籍中寻找我国法律思想诞生的背景和缘由。法不是凭空产生的,它是随着人类社会的产生、发展而自然出现的,从源头探寻,有助于我们深入理解法的本意、立法的目的等问题。第二章"仁德礼法",主要介绍儒家的法律思想。儒家是我国古代影响最大的思想学派,他们的法律思想内容丰富,影响深远,一直到今天都在社会生活中发挥作用,比如重视德治。第三章"道法自然",介绍以老子、庄子为代表的道家学派的法律思想。他们既反对儒家的主张,也反对法家的主张,而坚持只有顺应自然、无为而治才能拯救社会人心。第四章"君国重器",介绍法家的法律思想。在古代中国,治理国家一向是儒法并用,或者说是"外儒内法",法家的"法治"思想与儒家的"礼治"思想一样具有巨大的影响力。第五章"盛世宽刑",主要从古代文献中发掘我国法律思想中尊重生命,宽容仁爱的因素。古代中国在法律上,除了严刑峻法，也有对生命的敬畏和宽待。第六章"限政顺天"，探寻古代中国的限政思想。虽说古代社会君权至上，但在一定程度上还是要受到限制和监督。第七章"心系小民"，揭示古代法律思想中关注普通百姓、弱势群体的方面，体现了人道主义精神。第八章"判词精选"，从古代的判词中选择有代表性的判词，具体展示古代官吏审案、判决的文字记录，从中窥探古人的法治观。

我们今天的法治观念与古人相比，已经有了本质的区别，我们追求的民主法治和古代的专制法治也大不相同，但在对待德治和法治的关系上，在正确认识刑罚的意义和局限上，在处理法律和人情的关系上，古代的法治历程、法律思想都是有反思和借鉴价值的，我们要"取其精华，弃其糟粕"。

法律文化也是传统文化中不可或缺的一部分，希望通过这本小书，使读者能对中国的传统法治思想产生兴趣。

第一章 法治源流

◎ **文化典籍** ⋯001

　一　法，刑也 ⋯001

　二　象以典刑 ⋯002

　三　天讨有罪，五刑五用哉 ⋯004

　四　民体以为国，赏罚以为君 ⋯007

　五　分定，立禁，立官，立君 ⋯009

　六　立法为度量 ⋯011

　七　民争，则倍赏累罚 ⋯013

　八　制礼作教，立法设刑 ⋯014

八　君长刑政生　::017

　　九　立刑以明威　::018

◎ **文化倾听**　::020

◎ **文化传递**　::022

◎ **文化感悟**　::024

第二章　仁德礼法

◎ **文化典籍**　::025

　　一　道之以政　::025

　　二　听讼　::026

　　三　季康子问政　::027

　　四　善人为邦百年　::028

　　五　卫君待子而为政　::029

　　六　仲尼论为政宽猛　::030

　　七　徒法不能以自行　::033

　　八　法不能独立　::036

　　九　明礼义，起法正，重刑罚　::038

　　十　礼义生而制法度　::039

　　十一　圣王在上，分义行乎下　::040

　　十二　明德慎罚　::043

　　十三　法令者，治之具　::044

　　十四　先德教而后刑罚　::046

十五　政之善者，无取于严刑　::048

◎ **文化倾听**　::050

◎ **文化传递**　::051

◎ **文化感悟**　::053

第三章　道法自然

◎ **文化典籍**　::054

　　一　为无为，则无不治　::054

　　二　大道废，有仁义　::055

　　三　见素抱朴　::056

　　四　大制不割　::057

　　五　法令滋彰，盗贼多有　::059

　　六　民不畏死，奈何以死惧之　::060

　　七　至德之世，其行填填，其视颠颠　::061

　　八　圣人不死，大盗不止　::064

　　九　绝圣弃知，大盗乃止　::066

　　十　故天下之大不足以赏罚　::068

　　十一　五刑之辟，教之末也　::069

　　十一　形名赏罚，非知治之道　::072

◎ **文化倾听**　::074

◎ **文化传递**　::076

◎ **文化感悟**　::078

第四章　君国重器

◎ **文化典籍** ::079
　一　大司寇之职 ::079
　二　司刑掌五刑之法，以丽万民之罪 ::083
　三　正法直度 ::084
　四　君国之重器，莫重于令 ::085
　五　以法治国 ::087
　六　法度者，所以制天下而禁奸邪也 ::089
　七　刑者，所以禁邪也 ::090
　八　治国刑多而赏少 ::093
　九　国之所以治者三 ::094
　十　法者，国之权衡也 ::096
　十一　刑无等级 ::098
　十二　明主慎法制 ::101
　十三　法令者，民之命治之本也 ::102
　十四　以法治国 ::105
　十五　抱法处势则治 ::107
　十六　宪令著于官府，刑罚必于民心 ::109
　十七　慈母有败子而严家无格虏 ::110
　十八　治国有二柄 ::112

◎ **文化倾听** ::115
◎ **文化传递** ::117
◎ **文化感悟** ::119

第五章　盛世宽刑

◎ **文化典籍** ::120

　一　有邦有土，告尔祥刑 ::120

　二　上刑适轻，下刑适重 ::122

　三　法正则民悫 ::124

　四　训道不纯而愚民陷 ::126

　五　用法务在宽简 ::128

　六　五覆奏 ::130

　七　不须从坐 ::132

　八　务在宽平 ::133

　九　惟须简约 ::134

　十　合于古帝王钦恤民命之意 ::136

　十一　敬慎庶狱 ::137

　十二　刑部不独人命大事 ::139

　十三　刑曹民命攸关，国典所系 ::141

◎ **文化倾听** ::143

◎ **文化传递** ::145

◎ **文化感悟** ::148

第六章　限政顺天

◎ **文化典籍** ::149

　一　助王宅天命，作新民 ::149

二　非汝封刑人杀人 ::153

三　天相民，作配在下 ::155

四　垂衣裳而天下治 ::157

五　圣人南面而听天下 ::158

六　威厉而不杀，刑错而不用，法省而不烦 ::159

七　蘧伯玉为相 ::161

八　以天为法 ::162

九　圣君任法而不任智 ::163

十　圣法之治 ::165

十一　法者天子所与天下公共也 ::166

十二　善治其国，爱养斯民 ::168

十三　三代以上有法，三代以下无法 ::169

十四　有治法而后有治人 ::172

十五　虚静以慎守前王之法 ::174

十六　法制禁令，非所以为治也 ::175

十七　圣人贵措刑，不贵烦刑 ::177

◎ **文化倾听** ::179

◎ **文化传递** ::180

◎ **文化感悟** ::182

第七章　心系小民

◎ **文化典籍** ::183

一　郑人铸刑书 ::183

二　五声·八辟·三刺 ::187

三　司刺 ::189

四　晏子谏景公 ::190

五　景公问明王之教 ::193

六　发宪出令，设以为赏罚以劝贤 ::195

七　法令稍近古而便民 ::197

八　贫富异刑而法不壹 ::199

九　与其杀不辜，宁失不经 ::202

十　笃教以导民，明辟以正刑 ::205

十一　王者制法，民不迷不惑 ::207

十二　知民之所苦而设之以禁 ::211

◎ **文化倾听** ::212

◎ **文化传递** ::214

◎ **文化感悟** ::218

第八章　判词精选

◎ **文化典籍** ::219

一　索马不与，拒不开门判 ::219

二　田中种树判 ::221

三　盗瓜判 ::223

四　邵守愚杀人案参语 ::225

五　赎归弟财复宛转判 ::229

六　受人隐寄财产自辄出卖 ::231

七 母子兄弟之讼当平心处断 ::235

八 湮灭古迹判 ::238

九 诬人为盗判 ::242

◎ **文化倾听** ::244

◎ **文化传递** ::246

◎ **文化感悟** ::249

第一章 法治源流

一 法,刑也

【原文选读】

法,刑①也。平之如水②,从水;廌,所以触不直者。

廌,解廌③,兽也,似山牛,一角。古者决讼,令触不直④。象形,从豸省。

(选自《说文解字·卷十·廌部》)

注释:

①刑:刑罚。

②平之如水:像水面一样平。

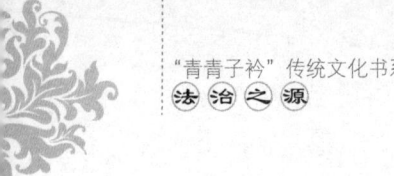

③解廌（zhì）：传说中一种能判断疑难案件的神兽名。

④古者决讼，令触不直：传说古代遇到疑难案件时，就请出解廌，让它去顶撞不正直的人。

【文意疏通】

法，刑狱的意思。像水一样平整，因此意旁为"水"。廌，顶触不正直的人的野兽。

廌，一种传说中的野兽，像山牛，只有一个角。相传，古代的人判案的时候，会让这种野兽去顶撞不正直或有罪的人。这个字是象形，豸旁。

【义理揭示】

从"法"的字源看，它已经含有"公平"和"惩罪"的内容了，这恰恰昭示了法治的真意——保障公平，惩治罪恶。

🔹 象以典刑

【原文选读】

肇①十有二州，封②十有二山，浚川③。象以典刑④，流宥五刑⑤，鞭作官刑⑥，扑⑦作教刑，金⑧作赎刑。眚⑨灾肆赦，怙终贼刑⑩。钦哉，钦哉，惟刑之恤⑪哉！流共工于幽州，放驩兜于崇山，窜三苗⑫于三危，殛⑬鲧于羽山，四罪而天下咸服。

(选自《尚书·虞夏书·舜典》)

第一章 法治源流

注释：

①肇：古代肇、兆通用，甲骨灼烧后所呈现的裂纹称兆，这里当域讲，引申为划分区域。

②封：封闭，这里指封土为坛。

③浚川：疏通河流。

④象以典刑：象，刻画。典刑，常用的刑罚，即五刑。

⑤流宥（yòu）五刑：流，流放。宥，宽恕。流宥，把罪轻的人流放以示宽大。五刑，墨、劓、剕、宫、大辟为五刑。

⑥鞭作官刑：为官者有过则加之鞭笞。

⑦扑：即槚楚，古代学校中的体罚工具。

⑧金：货币，钱。

⑨眚（shěng）：过失。

⑩怙（hù）终贼刑：对有所依仗而终不悔改的人从严惩处。怙，依仗，凭借。

⑪钦：谨慎。

⑫三苗：古代南方民族，生活在今湖南、江西一带，后被舜征服，一部分迁居到三危，即今甘肃敦煌一带。

⑬殛（jí）：杀死。

【文意疏通】

舜划定十二州的疆界，在十二州的名山上封土为坛举行祭祀，又疏通了河道。舜又在器物上刻画五种常用刑罚的形状以警示世人。用流放的办法代替五刑，以示宽大。用鞭打之刑惩罚犯罪的庶人、官吏，用木条抽打惩罚不服教化的学生，用钱赎罪作为赎刑。因过失犯罪，可以赦免，有所依仗不知悔改的人，就要加重刑罚。谨慎啊，谨慎啊，刑罚要慎重啊！舜接着把共工流放到幽州，把驩兜驱赶到崇山，把三苗驱逐到三危，

003

把鲧诛杀在羽山。这四个人受到了处罚,天下的人都心悦诚服。

【义理揭示】

舜设立刑罚,可以视作"以法治国"的雏形,虽然失之简陋,但已经充分体现了法的价值与功能。惩治恶人,辅助教化,警戒世人,使天下人知恶向善,遵纪守法。法是治国的利器,是秩序、安定的保障。

三 天讨有罪,五刑五用哉

【原文选读】

皋陶①曰:"宽而栗,柔而立,愿②而恭,乱③而敬,扰④而毅,直而温,简而廉,刚而塞⑤,强而义。彰厥有常,吉哉!日宣⑥三德,夙夜浚明有家⑦。日严祗⑧敬六德,亮采有邦⑨。翕受敷施⑩,九德咸事。俊乂⑪在官,百僚师师,百工⑫惟时,抚于五辰⑬,庶绩其凝⑭。无教逸欲有邦⑮,兢兢业业,一日二日万几⑯。无旷⑰庶官,天工人其代之。天叙⑱有典⑲,敕我五典五惇哉!天秩有礼⑳,自我五礼有庸㉑哉!同寅协恭和衷哉㉒!天命有德,五服五章㉓哉!天讨有罪,五刑五用哉!政事懋㉔哉!懋哉!"

(选自《尚书·虞夏书·皋陶谟》)

注释:

①皋陶(gāo yáo):舜的大臣,掌管刑法。

②愿:小心谨慎。

第一章 法治源流

③乱：治，具有治理政务的才能。

④扰：驯服、柔顺，指能听取别人的意见。

⑤塞：充实。

⑥宣：施教。

⑦夙夜浚明有家：夙，早晨。浚，恭敬。明，努力。有家，泛指部落联盟上层人员所属的氏族。

⑧祗（zhī）：敬。

⑨亮采有邦：亮，辅佐。有邦，各方诸侯，泛指部落首领。

⑩翕（xī）受敷施：翕，合。翕受，三德和六德并用。敷，普遍。施，推行。

⑪俊乂（yì）：俊，才德超过千人者。乂，才德超过百人者。泛指贤德之人。

⑫百工：指百官之下地位较低的士。

⑬抚于五辰：抚，循，顺从。五辰，金、木、水、火、土五星，泛指自然天象。

⑭庶绩其凝：庶，众。绩，功绩。凝，成功。

⑮无教逸欲有邦：逸，安逸。欲，私欲。邦，诸侯。

⑯一日二日万几：一日二日，即每日。几，事端、事务。

⑰旷：空。

⑱叙：顺应。

⑲典：常典，指君臣、父子、兄弟、夫妇、朋友之间的伦次。

⑳天秩有礼：秩，与"叙"同，次，顺。礼，天子、诸侯、大夫、士、庶人之礼。

㉑庸：同"用"。

㉒同寅协恭和衷哉：寅，敬。同寅，君臣之间相互尊敬。协恭和衷，即同心同德。

㉓五服五章：五服，天子、诸侯、卿、大夫、士的五种礼服。章，显，五服以显等级。

㉔懋（mào）：勉励。

【文意疏通】

皋陶说："既宽宏大量又庄重威严，既性情柔和又坚定不移，既小心谨慎又严肃庄重，既处世精干又谨慎小心，即虚心纳谏又刚毅果敢，既正直耿直又态度温和，既着眼大局又注重小节，既刚直不阿又充实全面，既坚强勇敢又善良仗义。彰显以上九种尽善尽美的德行吧！天子每天都能在自己的一言一行中表现出三德，卿大夫就能够早晚恭敬努力地管理自己的封地。天子每天庄重恭敬地表现出六德，就可以让诸侯辅佐天子治理四方。如果能够把三德和六德结合在一起而施行，使具备九德的人能够得到任用，这样有才有德的人都处在官位。各位官员就会互相效法，他们都想处理好政务，而且顺从君王，这样，各种工作都会完成。治理国家的人不要贪图安逸和私欲，要兢兢业业，因为情况天天变化万端。不要任用不称职的官员，上天命定的工作，应当由君臣代替上天完成。上天规定了人与人之间的伦常秩序，告诫人们父义、母慈、兄友、弟恭、子孝的常法，使这五种关系深厚有序！上天规定了人们的尊卑等级，因此才有天下君臣、父子、兄弟、夫妇、朋友这五礼的实行！君臣民众同心同德，团结一致吧！上天任命有德的人，规定了天子、诸侯、卿、大夫、士五种礼制来彰显他们！上天惩罚有罪的人，要用墨、劓、剕、宫、大辟五种刑罚！政务要努力啊！要努力啊！"

【义理揭示】

礼制和刑法，都是君主维持统治的重要手段。君权天授固

然虚妄，但这也无形中限制了君主的权力，告诫他们君之上还有"天"的存在，君不过是在替天行道，因此为君者要有德、顺天。臣子与百姓也是天道的辅助执行者，人人都处在天定的等级与伦常中，每个人各安其位，国家才能正常运转。

四 民体以为国，赏罚以为君

【原文选读】

古者未有君臣上下之别，未有夫妇妃匹①之合，兽处群居，以力相征②。于是智者诈③愚，强者凌弱，老幼孤独不得其所。故智者假④众力以禁强虐，而暴人⑤止。为民兴利除害，正⑥民之德，而民师⑦之。是故道术德行，出于贤人。其从义理兆⑧形于民心，则民反道⑨矣。名物处，违是非之分，则赏罚行⑩矣。上下设，民生体，而国都立矣。是故国之所以为国者，民体以为国；君之所以为君者，赏罚以为君。

(选自《管子·君臣篇》)

注释：

①妃匹：配偶，指夫或妻。

②征：征伐。

③诈：欺骗。

④假：借助。

⑤暴人：对他人施暴的人。

⑥正：使……正，规正。

⑦师：以……为师。

⑧兆：显现。
⑨反道：反，通"返"，回归正道。
⑩行：施行。

【文意疏通】

古时候还没有君臣上下的区分，也没有婚姻中的夫妻配偶，人们像野兽一样群居共处，以强力相互征伐。于是，智者欺骗愚者，强者欺凌弱者，老人、儿童以及孤儿寡母都在社会上无所立足。因此，有智慧的人就依靠众人的力量来禁止暴力，而强暴的人们就这样被制止了。他们为人们兴利除害，并规范人们的德行，人们便把这样的人视为师长。所以道术和德行是从贤人那里产生的。道术和德行的义理开始在人们心中形成，人们就都回归正道了。辨别了事物的类别，分清了是非，赏罚便开始实行。上下顺序有了安排，民生有了根本，国家的都城也就建立起来了。因此，国家之所以成为国家，是由于有民这个根本才成为国家；君主之所以成为君主，是由于掌握了赏罚，才能成为君主。

【义理揭示】

德与法，使人群脱离兽群，使人类逐渐形成了社会，建成了国家。孟子说，"人之异于禽兽者几希"。如果法制不能保障弱者，遏制强暴，则国将不国，人类根本无法走向文明和进步。赏罚不是目的，而是要确立规范，让人们互不侵害。

第一章 法治源流

五 分定，立禁，立官，立君

【原文选读】

天地设而民生之。当此之时也，民知其母而不知其父，其道亲亲而爱私。亲亲则别①，爱私则险②。民众而以别、险为务，则民乱。当此时也，民务胜而力征③。务胜则争，力征则讼，讼而无正④，则莫得其性也。故贤者立中正，设无私，而民说⑤仁。当此时也，亲亲废，上贤立矣。凡仁者以爱利为务，而贤者以相出⑥为道。民众而无制，久而相出为道，则有乱。故圣人承之，作为土地、货财、男女之分。分定而无制，不可，故立禁；禁立而莫之司，不可，故立官；官设而莫之一，不可，故立君。既立君，则上贤废而贵贵立矣。然则上世亲亲而爱私，中世上贤而说仁，下世贵贵而尊官。上贤者，以道相出也；而立君者，使贤无用也。亲亲者，以私为道也；而中正者，使私无行也。此三者，非事相反也，民道弊而所重易也，世事变而行道异也。故曰：王道有绳⑦。

(选自《商君书·开塞第七》)

注释：

①别：分别亲疏远近。

②险：险恶。

③力征：致力于夺取财物。征，夺取。

④正：公正。

⑤说：通假字，通"悦"。

⑥出：推举。

⑦绳：准则。

【文意疏通】

开天辟地之后人类诞生了。在这个时候，人们只知道自己的母亲却不知道自己的父亲，人们处世的原则是爱自己的亲人，喜欢私利。爱自己的亲人，就会区别亲疏，喜欢谋求私利，就会心存邪恶。人口众多，又都区别亲疏，为私利心存邪恶，那人类就会混乱。这个时期，民众都尽力制服对方来竭力争夺财物，这样就发生了争斗。发生了争斗又没有一个正确的准则来解决，那人们就没有办法过正常的生活。所以有道德的贤人确立了不偏不倚的正确准则，主张无私，因此人们开始喜欢仁爱这一准则。此时，只爱自己亲人的狭隘思想被废除了，崇尚有才德之人的思想被确立了。凡是讲仁爱的人，都把爱护、方便别人当作自己的事务，而贤德的人把推举贤人当作自己的处世原则。人口众多，而没有制度，人人都长期以推举贤人作为治理准则，就会发生混乱。所以，圣人顺应当时社会的发展形势，制定了关于土地、财货、男女等的名分。名分确定了而没有制度不行，因此设立了法令；法令确立了而没有人来管理也不可，因此又设立了官职；官吏有了而没有人统一领导不行，所以设立了君主。君主确立了，崇尚贤德的思想就废除了，而尊重显贵的思想又树立了起来。如此看来，上古时代人们爱自己的亲人而喜欢私利，中古时代人们推崇贤人而喜欢仁爱，近世人们的思想是推崇权贵而尊重官吏。崇尚贤德的人，所遵循的原则是推举贤人，可是确立了君主的地位，使崇尚贤人的准则没有用了。亲近亲人，是以自私自利为原则，而奉行不偏不倚的公正之道，使自私自利行不通了。这三个不同时

代，不是做的事互相违背，而是人们原来遵循的规则有问题，所以人们原来重视的东西更改了，这是因为社会形势变了，而人们所要实行的标准也就不一样了。所以说：统治天下的原则是有规律的。

【义理揭示】

自私自利，亲近疏远，是人的天性，也是兽性。若人人顺此天性，则人类势必自相残杀不已。要和平共处，则必有法度来制衡。法度不仅制约了人，也保护了人；不仅由人制定，也塑造了新的人。可以说，法制是迫不得已的产物，同时，它一旦产生，又深刻地影响了人类社会和国家制度。

六 立法为度量

【原文选读】

古者未有君臣、上下①之时，民乱而不治②。是以圣人列③贵贱，制爵位，立名号④，以别君臣上下之义⑤。地广，民众⑥，万物多，故分五官而守之⑦。民众而奸邪⑧生，故立法制、为度量以禁之⑨。是故有君臣之义、五官之分、法制之禁，不可不慎⑩也。

处君位而令不行⑪，则危；五官分而无常⑫，则乱；法制设而私善⑬行，则民不畏刑。君尊则令行，官修则有常事⑭，法制明⑮则民畏刑。法制不明，而求民之行令也，不可得也。民不从令，而求君之尊也，虽尧、舜之知⑯，不能以治。

（选自《商君书·君臣第二十三》）

注释：

①上下：上下之间的等级区分。

②治：社会太平，秩序井然。

③列：区别，分别。

④立名号：立，确立。名，名分。号，称号，称呼。

⑤义：道义，合宜的道德规范。

⑥众：多。

⑦分五官而守之：分，区划，这里指分别设置。五官，司徒、司空、司马、司寇、司士。守，掌管。

⑧奸邪：做奸诈邪恶的事情。

⑨为度量以禁之：为，制作。度量，法度，标准。禁，禁止，约束。

⑩慎：慎重。

⑪行：执行。

⑫常：法规。

⑬私善：指徇私枉法。

⑭常事：依法办理的政务。

⑮明：严明。

⑯知：通"智"，智慧。

【文意疏通】

古时没有君臣上下的等级区分的时候，人民纷乱无序。所以圣人划分贵贱等级，制定爵位，建立名号，以此来区别君臣上下的等级关系。由于国土广阔，人民众多，物产丰富，所以分别设立司徒、司空、司马、司寇、司士五官来管理。人多了就会产生奸邪之事，所以圣人创立法律制度作为行为标准，以此来限制奸邪的产生。因此，世上有了君臣上下的等级关系、

第一章 法治源流

五官的分职、法律的限制，行事不能不慎重。

处在君位而王命却行不通，那就危险了；五官已经分职，却没有常规，那就乱套了；法度已经建立，而私惠风行，那么人民就不惧怕刑罚了。只有国君有尊严，法令才能行通；官吏清明，政事才有常规；法度严明，人民才惧怕刑罚。法度不明，而要求人民服从法令，那是不可能的。民众不服从法令而希望国君有尊严，即使国君有尧、舜那样的智慧，也不能治理好国家。

【义理揭示】

法令是为确保秩序、便于管理而设，但更重要的是法不能空疏，不能徒具形式，立法要明确，执法要严明，这样民众才能信服，法制才能真正推行。

七 民争，则倍赏累罚

【原文选读】

古者丈夫不耕，草木之实足食也；妇人不织，禽兽之皮足衣也。不事力而养足①，人民少而财有余，故民不争。是以厚赏不行，重罚不用，而民自治②。今人有五子不为多，子又有五子，大父③未死而有二十五孙。是以人民众而货财寡，事力劳而供养薄，故民争，虽倍赏累罚④而不免于乱。

(选自《韩非子·五蠹篇》)

注释:

①不事力而养足：不从事耕织劳动而供养充足。

②自治：自然安定无事。

③大父：祖父。

④倍赏累罚：加倍奖赏，屡次处罚。累，累积，这里指多次。

【文意疏通】

在古代，男人不用耕种，野生的果实足够吃；妇女不用纺织，禽兽的皮足够穿。不用费力而供养充足。人口少而财物有余，所以人们之间用不着争夺。因而不实行厚赏，不实行重罚，而民众自然安定无事。现在人们养有五个儿子并不算多，每个儿子又各有五个儿子，祖父还没有死就会有二十五个孙子。因此，人口多了，而财物缺乏，即便费尽力气劳动，还是不够吃穿用度。所以民众互相争夺，即使加倍地奖赏和不断地惩罚，结果仍然免不了要发生混乱。

【义理揭示】

法制的产生是有一定历史条件的，比如人口的增加，导致了物质的相对匮乏，于是人与人之间开始争利。在"争"不可避免的情况下，必须要以"法"来限制和平衡。

八 制礼作教，立法设刑

【原文选读】

夫人宵①天地之貌，怀五常②之性，聪明精粹③，有生之最灵者也。爪牙不足以供嗜欲，趋走不足以避利害，无毛羽以御寒暑，必将役物以为养，任智而不恃力，此其所以为贵也。故不仁爱则不能群，不能群则不胜物，不胜物则养不足。群而不足，争心将作，上圣卓然先行敬让博爱之德者，众心说而从之。从之成群，是为君矣；归而往之④，是为王矣。《洪范》⑤曰："天子作民父母，为天下王。"圣人取类以正名，而谓君为父母，明仁爱德让，王道之本也。爱待敬而不败，德须威而久立，故制礼以崇敬，作刑以明威也。圣人既躬⑥明哲之性，必通天地之心，制礼作教，立法设刑，动缘民情，而则天象地。故圣人因天秩而制五礼⑦，因天讨而作五刑。大刑用甲兵，其次用斧钺⑧；中刑用刀锯⑨，其次用钻凿⑩；薄刑用鞭扑⑪。大者陈诸原野，小者致诸市朝，其所繇⑫来者上矣。

（选自《汉书·刑法志》）

注释：

①宵：通"肖"，相似，像。

②五常：仁、义、礼、智、信。

③精粹：精，细。粹，淳。

④归而往之：争着去归附。

⑤《洪范》：《尚书》篇名。

⑥躬：亲自。

⑦五礼：吉、凶、军、宾、嘉。

⑧斧钺（yuè）：斩刑。

⑨刀锯：刀，割刑。锯，刖刑。

⑩钻凿：钻，髌刑。凿，黥刑。

⑪扑：杖刑。

⑫繇：通"遥"，远。

"青青子衿"传统文化书系
法治之源

【文意疏通】

　　人模仿天地的形状,具有仁、义、礼、智、信五种本性,聪明淳美,是有生命的动物中最具有灵性的。人的手和脚不足以满足人的嗜好和欲望,奔走不足以趋利避害,没有毛皮与羽毛用来防寒保暖,人一定要役使万物来养活自己,使用智慧而不单凭力量,这就是人所以尊贵的原因。因此人不仁爱就不能形成群体,不能形成群体就战胜不了外物,战胜不了外物供养就不充足。形成了群体但物质仍不充足,就会产生争夺的心思,前代的圣人特意率先躬行恭敬谦让和博爱的道德,人们心中高兴就跟从他们了。跟从他们的人形成了群体,他们就成了君主;都争着去归附他们,他们就成了王。《尚书·洪范》上说:"天子做民众的父母,成为天下的帝王。"圣人选取类似的称谓正名分,称君王为父母,他们懂得仁爱和谦让是王道的根本。仁爱依靠恭敬就不会败坏,恩德必须有威严才能长久存在,所以制定礼制来推崇恭顺,制定刑法来显明威严。圣人既然自身具有洞察事理的品性,一定通晓天地的思想,制定礼制,兴办学校,建立法律制度,设置刑法,行动则顺乎民情,就能依照上天的法则管理大地。所以圣人依照天的次序制定了吉、凶、军、宾、嘉五礼,依照上天讨伐的原则制定了五刑。大刑用军队讨伐,稍轻一点的用斩刑;中刑用割刑或者刖刑,稍轻一点的用膑刑或黥刑;小刑用鞭打杖打。大的刑罚要出动军队,陈尸原野,小的刑罚要到街市和朝廷示众,这种情况的由来已很久远了。

第一章 法治源流

【义理揭示】

人是群居动物,不能团结就不能生存;人是万物灵长,懂得创设礼制和刑法,恩威并用保持社会的正常运转。礼制和刑法是相辅相成的,用礼制来推崇仁爱,用刑法来显示威严,二者缺一不可。伦理道德建设是改变人心的根本,赏罚分明是扬善惩恶的保障。

九 君长刑政生

【原文选读】

彼①其初与万物皆生,草木榛榛②,鹿豕狉狉③,人不能搏噬④,而且无毛羽,莫克⑤自奉自卫。荀卿⑥有言:"必将假物以为用者也。"夫假物者必争,争而不已,必就⑦其能断⑧曲直者而听命焉。其智而明者,所伏⑨必众,告之以直而不改,必痛之而后畏,由是君长刑政生焉。

(选自《封建论》)

注释:

①彼:指代人类。
②榛榛(zhēn):草木杂乱丛生的样子。
③狉狉(pī):野兽成群活动的样子。
④搏噬:搏,搏斗。噬,撕咬。
⑤克:能够。
⑥荀卿:荀子,名况,战国末期赵国人。

⑦就：接近，靠近。
⑧断：判断。
⑨伏：威伏。

【文意疏通】

　　最初，人类与世间万物一起生存。那时候，草木繁茂，走兽出没，人类既不能搏击也不能撕咬，而且也没有羽毛翅膀，不能够供养自己、保护自己。荀子曾经说："君子要善于借用其他的东西为我所用。"然而，借用其他东西的人必然产生纷争，纷争没有办法停息，就需要去找那些能够判断是非的人听从他们的命令。那些聪明而公正的人，他们能够威伏众人，告诉人们正确的道理，但如果有人不改正，就一定要让这人遭受痛苦而使他知道害怕。因此，君上、长官、刑罚、政令由此产生。

【义理揭示】

　　法制是带有强迫性质的，立法者要平衡利益、确立秩序、推行政令，不能仅仅依靠倡导、教化、宣传，还要有刑罚措施强制执行。"德治"是使民"化"，"法治"是使民"畏"，二者不可偏废。

十　立刑以明威

【原文选读】

　　古之圣人，为人父母，莫不制礼以崇敬，立刑以明威，防闲①于未然②，惧争心③之将作也。故有轻重三典④之异，宫墨五

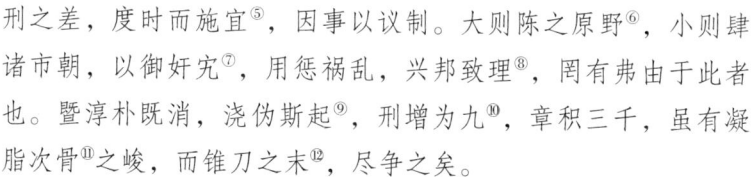

刑之差，度时而施宜⑤，因事以议制。大则陈之原野⑥，小则肆诸市朝，以御奸宄⑦，用惩祸乱，兴邦致理⑧，罔有弗由于此者也。暨淳朴既消，浇伪斯起⑨，刑增为九⑩，章积三千，虽有凝脂次骨⑪之峻，而锥刀之末⑫，尽争之矣。

(选自《旧唐书·刑法志》)

注释：

①防闲：预防禁止。

②未然：事情未发生以前。

③争心：争夺之心。

④三典：《周礼·秋官·大司寇》中"一曰刑新国用轻典，二曰刑平国用中典，三曰刑乱国用重典。"典，法。

⑤度时而施宜：根据当时的社会情况，使用适当的法典。度，衡量。

⑥大则陈之原野：征讨诛杀，兴师讨伐、诛除暴乱是最大的刑罚。

⑦奸宄（guǐ）：违法作乱的人。

⑧致理：使社会得到治理。致，达到，实现。理，治理。

⑨暨（jì）淳朴既消，浇伪斯起：暨，及，到了。淳朴，指敦厚质朴的社会风气。浇伪，浮躁虚伪。斯，乃，则。

⑩刑增为九：九刑，正五刑再加上流、赎、鞭、扑。

⑪凝脂次骨：凝脂，凝结的油脂，比喻法网严密没有空隙。次骨，至骨，比喻刑罚苛刻。

⑫锥刀之末：比喻细小的事情。

【文意疏通】

古代圣明的君王，对待人民如父母一样，没有圣君不制定礼制以使人民崇敬，设立刑罚以显示威严，是出于防患于未然的考虑，担心民众争夺之心将会兴起。因此有轻、平、重三类法典的区别,有墨、劓、剕、宫、大辟五类刑罚的差异。圣君根据当时的社会情况,使用适当的法典,根据具体的犯罪事实,商定刑罚的轻重。大罪则兴师讨伐、诛除暴乱,小罪则示众于朝廷或市野,以此防范违法作乱的人,惩罚为非作歹的人,要让国家兴旺、达到治理,没有不是通过这一渠道的。等到淳厚质朴的社会风气消失,浮躁虚伪之风日益兴起的时候,刑罚增至九种,法令条文积累到三千条,虽然有非常严密苛刻的法律,但对于那些蝇头小利,大家仍然都去争夺。

【义理揭示】

刑罚虽严,但制定礼法的初衷是出于仁爱,而非暴虐,法律条文之所以繁复,是要充分体现法治的公平性,对罚与罪不纵容也不滥施。但法律是有局限性的,若无民风淳厚做基础,再多的法令,再细致的条文也制止不了犯罪。

文化倾听

"法"这个字,甲骨文中没有,最早出现在西周金文中。金文中的"法",通"废"字,一个意思是"大",形容词;另一个意思是"废",动词,没有"法律"的意思。西周人只知道"刑",不知道"法"。

中国古代的法律文化,从根本上说是一种礼法文化,礼和法缠绕纠结,关系密切。春秋战国时期,礼法分离,法从礼的体系中独立出来,获得了大发展,"法"开始用作名词,有明辨是非,体现公平、公正的规范之意。同时,"法"也取代了过去

第一章 法治源流

只强调暴力的"刑"。《说文解字》中解释"法,刑也。平之如水,从水;廌,所以触不直者。"虽然说法的核心和根本是刑,但这里的"刑"与夏、商、周时期的"刑罚"之"刑"已有很大不同,它强调刑法要像水一样平,如解廌能明辨是非,体现了公平、公正的要求。

在中国传统社会中,礼与法还是有着不可分割的关系的。法是由统治者颁布的,维护社会等级关系,并靠国家强制力保证实施的行为规范的总和。依据文献,古人已经对"法"的几个基本特征有了初步认识:

一、立法是为了平衡利益,规范人伦秩序。人是群居动物,在物质匮乏的条件下,必须团结协作才能生存,但同时人的本性又是自私的,有了利益必然产生争夺,为此,就需要制定礼法来规范、限制。

二、刑法是有强迫性的,法令需要强制执行。当教育、感化不能起作用的时候,法便要显示自身的威严,用刑罚来惩治罪恶,伸张正义。

三、纯粹的法治有其局限性,必须要以道德教化为基础。一个没有道德做根基的社会,即便法网严密,百姓也不会因为畏惧而遵纪守法。"民不畏死,奈何以死惧之",首要的任务是要推行德治,导民向善。

除此之外,传统中国的"法"还有其他特征,比如神权法思想,统治者从宣扬"行天之罚",到提出"皇天无亲,惟德是辅",再发展到"以德配天"。再比如民本思想和德治思想,认为"民之所欲,天比从之""天视自我民视,天听自我民听",提出了"明德慎罚"的观点,反对滥杀无辜,主张罪止一身。

这一思想后来经过儒家的继承和发展，形成了"德主刑辅"的法律思想，成为中国传统法律思想的重要内容。

　　法国启蒙思想家孟德斯鸠（Montesquieu）在《论法的精神》中有一句名言：一切拥有权力的人都有滥用权力为自己谋求私利的倾向。换言之，当极少数人拥有极大的自由时，必然会导致绝大多数人的不自由。那自由究竟是什么呢？在孟德斯鸠看来，哲学上的自由，是人作为个体能够行使自己的独立意志；政治上的自由，是要有安全，或至少自己相信有安全；而在一个有法律的社会里，自由是一个人能够做他应该做的事情，而不被强迫去做他不应该做的事情。

　　《论法的精神》在西方现代法律体系构建过程中占据了始基性的地位，因此两百多年来一直影响着现代西方人对法律的基本认识和判断。然而，《论法的精神》中提出的"自由""民主""平等""分权"等概念，也造成了很多西方人对于中国法律制度乃至政治制度的误解。很多西方人对中国法律体系、政治体制的否定，在很大程度上是基于这样一种逻辑，即中国缺乏"平等"故而缺乏个人的"自由"，又因为缺乏个人的"自由"故而没有"民主"，或即便有"民主"，那也是缺乏合法性的所谓的"民主"。西方世界对中国政治与法律文化根深蒂固的误解，其实源自对中国历史的偏见与无知。

　　西方现代法律还有一个重要的理论基础，即社会契约。让·雅克·卢梭在《社会契约论》开篇便提出，"人生而自由，

第一章 法治源流

但却无处不受枷锁的束缚"。基于社会契约，每个人都放弃天赋的自由，从而获取契约的自由。法律正是建基于每个人同等地将天赋自由转让给集体，作为一种回报，法律应致力于保护人类平等的契约自由。

然而，与西方的契约精神不同，中国人长久以来对政治合法性的理解深受儒家"圣王之治"理想的影响。人们认为，理想的统治者应该仁爱天下，心怀苍生，博施济众，而这样的理想统治者同时也就从道德伦理的维度自然地获得了统治的合法性，正如孟子称武王伐纣"闻诛一夫纣矣，未闻弑君也"。

儒家习惯从道德伦理的角度来强调合法，这与以《论法的精神》为代表的西方世界的"法的精神"有着极大的差别。西方的法律制度建基于法律面前人人平等的原则。孟德斯鸠在《论法的精神》中提出，一个公民的政治自由来自于一种心境的平安状态，而这种平安状态又来自人人都认为他本身是安全的这样一种普遍信念。法律正是为了捍卫这样一个能够让任何一个公民都不惧怕另一个公民的法治社会，保证公民"做他应该想要做的事和不被强迫做他不应该想要去做的事"。简言之，法律是捍卫个人权利免受极权主义戕害的手段。然而，在中国古代，人们往往认为，王朝的兴衰更迭取决于统治者的道德与伦理自觉。民众的安康幸福并不由某一特定社会制度决定，而来自于一个良善的统治者安排的一种良善的统治秩序。

其实，纵观我国法律的演进历程，历朝历代都未设立过真正具有"司法"性质的部门。孔子曾任鲁国"司寇"，并基于儒家的教化原则提出了"道之以政，齐之以刑，民免而无耻；道之以德，齐之以礼，有耻且格"。在夏、商卜辞和早期青铜铭文中均未见"司寇"一词,西周始置司寇掌管刑狱、纠察,位次三公,与六卿相当,与司马、司空、司士、司徒并称五官。《周礼》记载,大司寇"掌建邦之三典,以佐王刑邦国、诘四方,一曰刑新国用轻典,二曰刑平国用中典,三曰刑乱国用重典。以五刑纠万民:一曰野刑,上功纠力;二曰军刑,上命纠守;三曰乡刑,上德纠孝;四曰官刑,上能纠职;五曰国刑,上愿纠暴",小司寇"以五刑听万民之狱讼,附于刑,用情讯之;至于旬,乃弊之,读书,则用法。凡命夫命妇,不躬坐狱讼。凡王之同族有罪,不即市"。东汉尚书置二千石曹掌刑狱,三公曹掌决案。隋文帝定六部制度,初沿北齐置都官,开皇三年(583)改称刑部。刑部在唐代掌律令、刑法、徒隶、按覆谳禁之政,一般设尚书一人,正三品,侍郎一人,正四品下。明清两代,刑部作为主管全国刑罚政令及审核刑名的机构,与管稽察的都察院、掌重大案件最后审理和复核的大理寺,共为"三法司"。

然而,上述种种部门,其惩戒的功能远远大于现代意义上所谓的司法功能。在中国传统社会中,法律一直是作为礼的补充,是为了填补社会道德礼仪存在的缺陷而存在和发挥作用的,法律并非维护社会秩序的中流砥柱。

文化感悟

1. 中国古代社会,为什么"法"和"礼"的关系如此密切?

2. 中国和西方对"法"的精神的理解,有怎样的差异?为什么会有这样的差异?

3. 我国正在推行的"依法治国"有什么重大意义?

第二章　仁德礼法

一　道之以政

【原文选读】

子曰:"道①之以政,齐之以刑,民免②而无耻;道之以德,齐之以礼,有耻且格③。"

(选自《论语·为政第二》)

注释:

①道:通"导",引导。
②免:免罪、免刑。
③格:格心,亲近、归服、向往之心。

【文意疏通】

孔子说:"用政法来引导百姓,用刑罚来控制百姓,百姓只

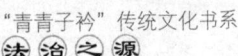

是暂时地免于罪过，却没有廉耻之心。如果用道德来教化他们，用礼教来整顿他们，百姓不但有廉耻之心，而且人心归服。"

【义理揭示】

儒家主张以礼来治理国家，这种主张谓之"礼治"，"夫礼者，所以定亲疏，决嫌疑，别异同，明是非者也"。孔子不排斥法律，但认为法律有其局限，治标不治本。

二 听 讼

【原文选读】

子曰："听讼①，吾犹人也。必也使无讼乎！"

（选自《论语·颜渊第十二》）

注释：

①听讼：审理诉讼。据《史记·孔子世家》记载，孔子在鲁定公时，曾为大司寇。

【文意疏通】

孔子说："审理诉讼，我同别人差不多。所不同的是一定要使诉讼的事件完全消灭才好。"

【义理揭示】

审理诉讼者的最大梦想是没有诉讼！由此可见孔子心目中

的理想社会仍是礼乐治国的社会,法治只是权宜之计。

三 季康子问政

【原文选读】

季康子问政于孔子曰:"如杀无道,以就有道,何如?"

孔子对曰:"子为政,焉用杀?子欲善而民善矣。君子之德风,小人之德草。草上之风,必偃①。"

(选自《论语·颜渊第十二》)

注释:

①偃(yǎn):倒下。

【文意疏通】

季康子向孔子请教为政的方法,问道:"假如我杀掉坏人来亲近好人,怎么样?"

孔子回答:"您治理国家,为什么要用杀戮呢?您愿意行善,百姓自然就会跟着向善。领导者的德行好比是风,百姓的德行好比是草。风向哪边吹,草就朝哪边倒。"

【义理揭示】

仁者,爱人也。孔子并不觉得把国家治理好一定需要借助严厉的刑罚,上行下效,居上位者如果能播仁向善,则民德自然归厚。

四 善人为邦百年

【原文选读】

子曰:"善人为邦百年,亦可以胜①残去②杀矣。诚哉是言也。"

(选自《论语·子路第十三》)

注释:

①胜:旧读平声。

②去:旧读上声。

【文意疏通】

孔子说:"善人治理国家连续一百年,也可以克服残暴免去杀戮了。这句话说得真对啊。"

【义理揭示】

孔子是主张人治的,当弟子仲弓问如何处理政务时,孔子回答说"先有司,赦小过,举贤才",他希望优秀人才能获得参政的机会,这样就能推行"忠恕之道""孝悌之道""爱人之道",实现道德教化的目的。

五 卫君待子而为政

【原文选读】

子路曰:"卫君①待子而为政,子将奚先?"

子曰:"必也正名②乎!"

子路曰:"有是哉,子之迂也!奚其正?"

子曰:"野哉,由也!君子于其所不知,盖阙如也。名不正,则言不顺;言不顺,则事不成;事不成,则礼乐不兴;礼乐不兴,则刑罚不中;刑罚不中,则民无所错③手足。故君子名之必可言也,言之必可行也。君子于其言,无所苟而已矣。"

(选自《论语·子路第十三》)

注释:

①卫君:卫出公,名辄。

②正名:纠正名分上的不当。

③错:通"措",安置。

【文意疏通】

子路对孔子说:"卫君等着您去辅佐他治理国政,您准备首先干什么?"

孔子说:"那一定是首先纠正名分上的用词不当!"

子路说:"您的迂腐竟到如此地步吗?又何必去纠正呢?"

孔子说:"子路,你怎么这样鲁莽!君子对于他所不懂的,应该采取保留的态度。用词不当,说的话就不能顺理成章;言语不能顺理成章,事情就不可能做好;事情做不好,国家的礼

乐制度就建立不起来；国家礼乐制度建立不起来，刑罚也就不会得当；刑罚不得当，百姓就会终日惶恐不安，连手脚都不知道摆在哪里才好。所以君子一定要定下一个名分，才能顺理成章地说话，说出的话才一定能够行得通。君子对于说话措辞要没有一点马虎的地方才行。"

【义理揭示】

治理国家，要透过现象看本质。"正名"是如此重要，因为它能为礼乐和刑罚提供一个文化心理的基础，名不正则言不顺，言不顺则事不成。

六 仲尼论为政宽猛

【原文选读】

郑子产有疾，谓子大叔曰："我死，子必为政①。唯有德者能以宽②服民，其次莫如猛。夫火烈，民望而畏之，故鲜死焉③。水懦弱，民狎④而玩之，则多死焉。故宽难。"疾数月而卒⑤。

大叔为政，不忍猛而宽。郑国多盗⑥，取人于萑苻⑦之泽。大叔悔之，曰："吾早从夫子，不及⑧此。"兴徒兵⑨以攻萑苻之盗，尽杀之，盗少止⑩。

仲尼曰："善哉！政宽则民慢⑪，慢则纠之以猛。猛则民残⑫，残则施之以宽⑬。宽以济猛，猛以济宽，政是以和。《诗》曰：'民亦劳止，汔可小康。惠此中国，以绥四方⑭。'施之以宽也。'毋从诡随⑮，以谨⑯无良。式遏寇虐⑰，惨不畏明⑱。'纠之以猛也。'柔远能⑲迩,以定我王。'平之以和也。又曰:'不竞不绌,不刚不柔。布政优优,百禄是遒。'和之至也。"

及子产卒,仲尼闻之,出涕曰:"古之遗爱也。"

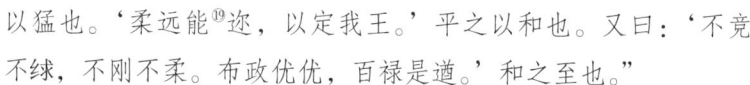

(选自《左传·昭公二十年》)

注释:

①为政:掌握政权。

②宽:宽缓、仁厚。

③焉:代词,相当于"之",在那里,在里面。

④狎(xiá):轻视。

⑤疾数月而卒:子产病了几个月就死去了。

⑥盗:盗贼。

⑦萑(huán)苻:芦苇丛生的沼泽地。

⑧及:等到,发展到。

⑨徒兵:步兵。

⑩止:收敛。

⑪民慢:百姓傲慢不逊。

⑫民残:百姓受到残害。

⑬残则施之以宽:在百姓受到残害的情况下,再用宽缓的刑法加以纠正。

⑭民亦劳止,汔可小康。惠此中国,以绥四方:语出《诗经·大雅·民劳》。止,语气词。汔,差不多。小康,稍微安定喘息。惠,仁爱、恩惠。中国,指西周王朝统治区域,即京畿一带地方。绥,安抚。四方,指四方诸侯国。

⑮毋从诡随:毋,勿,不要。诡随,不顾是非而妄随人者。

⑯谨:约束。

⑰式遏(è)寇虐:式,助动词,应当。遏,制止。虐,残暴狠毒。

⑱明：严明的刑法。
⑲能：与"柔"同义，安抚。

【文意疏通】

郑国的子产有病，对子太叔说："我死以后，你必定执政。只有有德行的人能够用宽大的刑法来使百姓服从，其次就莫如严厉的刑法。火势猛烈，百姓远远看着就害怕，所以很少有人死于火。水性懦弱，百姓轻视并玩弄它，很多人就死在水中。所以宽大不容易。"子产病了几个月就死去了。

子太叔执政，不忍心严厉，奉行宽大的刑法。郑国盗贼很多，聚集在芦苇塘里。太叔后悔，说："我早点听从他老人家的话，就不至于到这一步。"发兵攻打藏在芦苇丛生的湖泽里的盗贼，全部杀死他们，盗贼稍稍收敛了一些。

孔子说："好啊！政事宽大百姓就怠慢，怠慢就用严明的刑法来纠正。使用严刑峻法百姓就会受到伤害，百姓受到伤害以后，就改为实施宽大的刑法。用宽大调节严厉，用严厉调节宽大，因此政事调和。《诗经》说，'百姓已经很辛劳，应该让他们稍稍安定。赐恩给京师地区，用以安定四方诸国'，这是实施宽大。'不要放纵随声附和的人，以约束不善良的人。应当制止侵夺残暴的人，他们从来不怕法度'，这是用严厉来纠正。'安抚边远，柔服近邦，用来安定我君王的天下'，这是用和平来安定国家。又说，'不争强不急躁，不刚猛不柔弱。施政平和宽裕，各种福禄都聚集'，这是和谐的顶点。"

等到子产死去，孔子听到这消息，流着眼泪，说："他的仁

爱，是古人流传下来的遗风啊。"

【义理揭示】

孔子主张用道德教化民众，但他并没有否定刑罚的功用，当民众对国家政令没有敬畏之心并违法犯罪时，他主张用刑罚制裁。但他反对"苛政"，也反对滥用刑杀，主张"宽猛相济"。

七 徒法不能以自行

【原文选读】

孟子曰："离娄①之明，公输子②之巧，不以规矩，不能成方圆；师旷③之聪，不以六律④，不能正五音⑤；尧、舜之道，不以仁政，不能平治天下。今有仁心仁闻⑥而民不被其泽，不可法于后世者，不行先王之道也。故曰：徒善不足以为政，徒法不能以自行。《诗》云：'不愆⑦不忘，率由旧章⑧。'遵先王之法而过者，未之有也。圣人既竭目力焉，继之以规矩⑨准绳，以为方员平直，不可胜用也；既竭耳力焉，继之以六律正五音，不可胜用也。既竭心思焉，继之以不忍人之政，而仁覆天下矣。故曰：为高必因丘陵，为下必因川泽，为政不因先王之道，可谓智乎？是以惟仁者宜在高位。不仁而在高位，是播其恶于众也。上无道揆⑩也，下无法守也，朝不信道，工不信度⑪，君子犯⑫义，小人犯刑⑬，国之所存者，幸也。故曰：城郭不完⑭，兵甲不多，非国之灾也；田野不辟，货财不聚，非国之害也；上无礼，下无学，贼民兴，丧无日矣。《诗》云：'天之方蹶⑮，无然泄泄⑯。'"

(选自《孟子·离娄上》)

注释：

①离娄：人名，古代一个视力极好的人，相传是黄帝时人，能于百步之外见秋毫之末。

②公输子：名般（或作"班"），鲁国人，所以又叫鲁班。春秋末年著名的木匠。

③师旷：春秋时代的著名音乐家，鲁平公的太师，天生目盲，但善辨音乐。

④六律：黄钟、太簇、姑洗、蕤宾、夷则、无射。

⑤五音：宫、商、角、徵（zhǐ）、羽。

⑥闻：声誉。

⑦愆（qiān）：过失、毛病。

⑧率由旧章：率，遵循。旧章，指先王的法度规章。

⑨规矩：古代圆是规，方是矩。

⑩揆（kuí）：估量。

⑪度：计量长短的标准。

⑫犯：触犯。

⑬刑：刑法。

⑭完：牢固。

⑮蹶（jué）：动，指动乱不安。

⑯泄泄：吵闹附和。

【文意疏通】

孟子说："即使有离娄那样敏锐的视力，有公输班那样精巧的手艺，如果不使用圆规和曲尺，也画不出方形和圆形。即使

第二章 仁德礼法

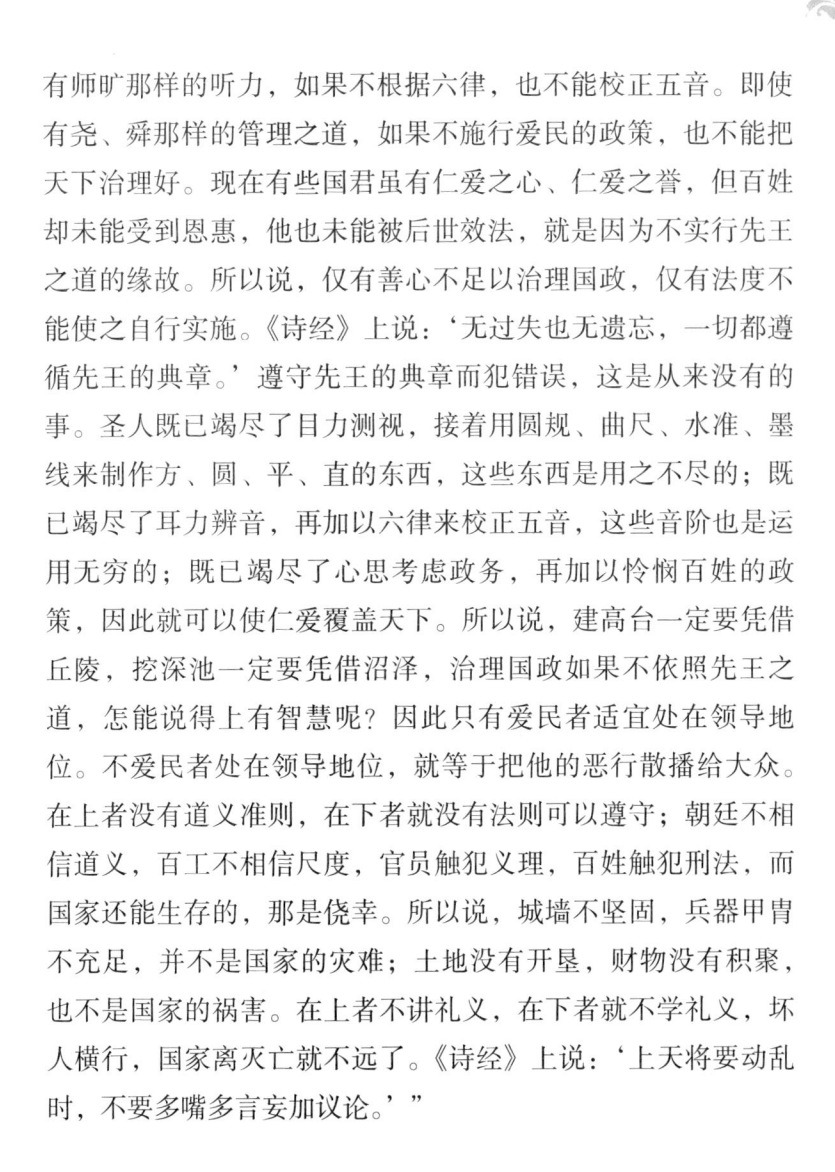

有师旷那样的听力，如果不根据六律，也不能校正五音。即使有尧、舜那样的管理之道，如果不施行爱民的政策，也不能把天下治理好。现在有些国君虽有仁爱之心、仁爱之誉，但百姓却未能受到恩惠，他也未能被后世效法，就是因为不实行先王之道的缘故。所以说，仅有善心不足以治理国政，仅有法度不能使之自行实施。《诗经》上说：'无过失也无遗忘，一切都遵循先王的典章。'遵守先王的典章而犯错误，这是从来没有的事。圣人既已竭尽了目力测视，接着用圆规、曲尺、水准、墨线来制作方、圆、平、直的东西，这些东西是用之不尽的；既已竭尽了耳力辨音，再加以六律来校正五音，这些音阶也是运用无穷的；既已竭尽了心思考虑政务，再加以怜悯百姓的政策，因此就可以使仁爱覆盖天下。所以说，建高台一定要凭借丘陵，挖深池一定要凭借沼泽，治理国政如果不依照先王之道，怎能说得上有智慧呢？因此只有爱民者适宜处在领导地位。不爱民者处在领导地位，就等于把他的恶行散播给大众。在上者没有道义准则，在下者就没有法则可以遵守；朝廷不相信道义，百工不相信尺度，官员触犯义理，百姓触犯刑法，而国家还能生存的，那是侥幸。所以说，城墙不坚固，兵器甲胄不充足，并不是国家的灾难；土地没有开垦，财物没有积聚，也不是国家的祸害。在上者不讲礼义，在下者就不学礼义，坏人横行，国家离灭亡就不远了。《诗经》上说：'上天将要动乱时，不要多嘴多言妄加议论。'"

【义理揭示】

孟子在对人性分析的基础上提出了他的"性善论"，进而提出他的"仁政"学说，发展了孔子的仁学和德治方面的思想。但孟子也认为"规范"很重要，"准则"很重要，没有规矩，不成方圆，有了善心和法度之后，还必须要能实施。

八 法不能独立

【原文选读】

　　有乱君，无乱国；有治人，无治法。羿之法非亡也，而羿不世中；禹之法犹存，而夏不世王。故法不能独立，类①不能自行；得其人则存，失其人则亡。法者，治之端也；君子者，法之原也。故有君子，则法虽省，足以遍矣；无君子，则法虽具②，失先后之施，不能应事之变，足以乱矣。不知法之义而正法之数③者，虽博，临事必乱。故明主急得其人，而暗④主急得其势⑤。急得其人，则身佚⑥而国治，功大而名美，上可以王，下可以霸；不急得其人，而急得其势，则身劳而国乱，功废而名辱，社稷必危。故君人者，劳于索之，而休于使之。《书》曰："惟文王敬忌⑦，一人以择。"此之谓也。

　　　　　　　　　　　　（选自《荀子·君道第十二》）

注释：

　①类：条例、律例。
　②具：具备。
　③正法之数：定法的条文。正，定。数，指法律条文。
　④暗：这里指昏庸。
　⑤势：势力。

第二章 仁德礼法

⑥佚：通"逸"，安逸。
⑦敬忌：谨慎。

【文意疏通】

　　有搞乱国家的君主，没有自行混乱的国家；有治理国家的人才，没有自行治理的法制。后羿的射箭方法并没有失传，但后羿并不能使世世代代的人都百发百中；大禹的法制仍然存在，但夏后世并不能世世代代称王天下。所以法制不可能单独有所建树，律例不可能自动被实行。得到了善于治国的人才，那么法制就存在；失去了这样的人才，那么法制也就灭亡了。法制，是政治的开头；君子，是法制的本原。所以有了君子，法律即使简略，也足够在各个方面实施了；如果没有君子，法律即使完备，也会失去先后的实施次序，不能应付事情的各种变化，最后还是形成混乱。不懂得法治的道理而只是去定法律条文的人，即使了解得很多，碰到具体事情也一定会混乱。所以，英明的君主急于得到治国的人才，而愚昧的君主急于取得权势。急于得到治国的人才，就会自身安逸而国家安定，功绩伟大而名声美好，上可以称王天下，下可以称霸诸侯；不急于得到治国的人才，而急于取得权势，就会自身劳苦而国家混乱，功业败坏而声名狼藉，国家政权必然危险。所以统治人民的君主，在寻觅人才时劳累，而在使用他以后就安逸了。《尚书》说："要想想文王的恭敬戒惧，亲自去选择人才。"说的就是这个道理啊。

【义理揭示】

　　在人与法的关系问题上，荀子特别强调人的决定性作用，

他在法的产生、法的适用、法的作用等问题上都强调人治的思想。没有人才，仅急于攫取权势，其结果是危险的。

九 明礼义，起法正，重刑罚

【原文选读】

故古者圣人以人之性恶，以为偏险而不正，悖乱而不治，故为之立君上之势①以临之，明礼义以化之，起法正以治之，重刑罚以禁之，使天下皆出于治，合于善也。是圣王之治，而礼义之化也。今当②试去君上之势，无礼义之化，去法正之治，无刑罚之禁，倚③而观天下民人之相与也。若是，则夫强者害弱而夺之，众者暴寡而哗之，天下之悖乱而相亡不待顷④矣。

（选自《荀子·性恶第二十三》）

注释：

①势：势力。
②当：通"倘"。
③倚：靠近，这里用作旁观。
④顷：须臾，少顷。

【文意疏通】

因此，古时的圣人因为人的本性是恶的，认为人是偏邪险恶不端正，违背社会秩序而不安定的，因而建立君主的权势来统治他们，彰明礼义来教化他们，兴起法度来管理他们，加重刑罚来禁止他们违法乱纪，使天下人都达到安定而有秩序，合

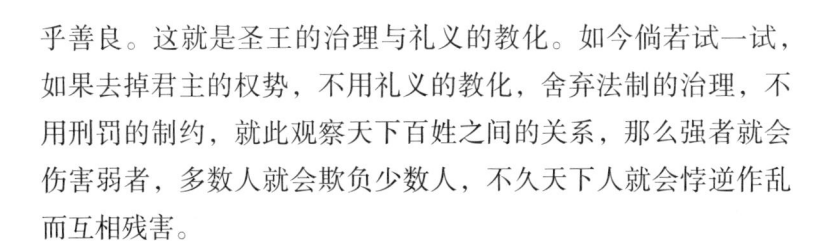

乎善良。这就是圣王的治理与礼义的教化。如今倘若试一试，如果去掉君主的权势，不用礼义的教化，舍弃法制的治理，不用刑罚的制约，就此观察天下百姓之间的关系，那么强者就会伤害弱者，多数人就会欺负少数人，不久天下人就会悖逆作乱而互相残害。

【义理揭示】

在荀子的思想体系中，礼居于核心的地位，他非常强调礼义教化的作用，但他对有罪的人则主张严格依照刑法惩处，认为如此才能保障弱者的利益，导民趋善。

✚ 礼义生而制法度

【原文选读】

故圣人化①性而起伪，伪起而生礼义，礼义生而制法度；然则礼义法度者，是圣人之所生也。故圣人之所以同于众，其不异于众者，性也；所以异而过众者，伪也。夫好利而欲得者，此人之情性也。假之有弟兄资财而分者，且顺情性，好利而欲得，若是则兄弟相拂夺②矣；且化礼义之文理，若是则让乎国人矣。故顺情性则弟兄争矣，化礼义则让乎国人矣。

（选自《荀子·性恶第二十三》）

注释：

①化：变化。

②拂夺：争夺。

【文意疏通】

　　因此，圣人改变了邪恶的本性而做出人为的努力，人为努力的结果就产生了礼义规范，礼义规范产生后就制定法度。礼义和法度这些东西都是圣人所创制的。所以，圣人和普通人相同的就是本性，圣人和普通人不同并超过普通人的地方，就是圣人后天人为的努力。喜好私利并希望得到，这是人的本性。假如弟兄间分财产，如果顺应人的本性，就都喜好私利而且希望得到，那么兄弟之间就会互相争夺；如果受到礼义规范的教化去分配，那么就能互相推让。所以，顺应人的本性，兄弟之间就会争夺；接受礼义规范的教化，人们就会相互推让。

【义理揭示】

　　在荀子看来，人生来就有欲望，有了欲望就会有追求，如果没有一定的规则限制，就会发生争夺，圣人厌恶社会出现混乱，便制定礼义和法度来确定人们的身份地位，节制人们的欲望。荀子认为，礼与法的作用就在于矫正、化导人的本性。

十一　圣王在上，分义行乎下

【原文选读】

　　圣王在上，分义行乎下，则士大夫无流淫之行，百吏官人无怠慢之事，众庶百姓无奸怪之俗，无盗贼之罪，莫敢犯上①之大禁，天下晓然皆知夫盗窃之不可以为富也，皆知夫贼害之不

第二章 仁德礼法

可以为寿②也,皆知夫犯上之禁不可以为安也。由其道③,则人得其所好焉;不由其道,则必遇其所恶焉,是故刑罚綦④省而威行如流。世晓然皆知夫为奸则虽隐窜逃亡之由不足以免也,故莫不服罪而请⑤。《书》曰:"凡人自得罪。"此之谓也。

故刑当罪则威,不当罪则侮;爵当贤则贵,不当贤则贱。古者刑不过罪,爵不踰德。故杀其父而臣其子,杀其兄而臣其弟。刑罚不怒⑥罪,爵赏不踰德,分然各以其诚通。是以为善者劝,为不善者沮;刑罚綦省而威行如流,政令致明而化易如神。传曰:"一人有庆,兆民赖之。"此之谓也。

乱世则不然,刑罚怒罪,爵赏踰德,以族论罪,以世举贤。故一人有罪而三族皆夷⑦,德虽如舜,不免刑均,是以族论罪也。先祖当贤,后子孙必显,行虽如桀、纣,列从必尊,此以世举贤也。以族论罪,以世举贤,虽欲无乱,得乎哉!《诗》曰:"百川沸腾,山冢崒崩;高岸为谷,深谷为陵。哀今之人,胡憯莫惩!"此之谓也。

(选自《荀子·君子第二十四》)

注释:

①上:君主。

②寿:活得岁数大,长寿。

③道:政令。

④綦(qí):极。

⑤请:即自请刑戮。

⑥怒:盈溢,这里指超过。

⑦三族皆夷:三族,父、母、妻族。夷,灭。

【文意疏通】

圣明的帝王在上，名分道义在民众中推行，那么士大夫就没有放肆过分的行为，各级官吏就不会有懈怠傲慢的事情，广大百姓就不会有邪恶怪僻的习俗，就不会有偷盗的罪行，就没有人敢触犯君主的禁令。天下的人都清楚地知道，盗窃不可能发家致富，抢劫杀人不可能获得长寿，触犯君主的禁令不可能得到安宁。遵循圣王的正道，就能得到他所喜欢的奖赏；不遵循圣王的正道，就会遭到他所厌恶的惩罚。这样，刑罚很简略，而威力却像流水一样通行，无处不在，人们都知道如果为非作歹，即使躲藏逃亡也不能够免受惩罚，所以没有不伏法认罪而请求惩处的。《尚书》说："所有的罪罚都是自愿取得的。"这句话说的就是上述情况。

因此，罪与罚相匹配，刑罚就有威力，罪与罚不相匹配，刑罚就会受到轻视；位与德相匹配，在位的人就会受人尊重，相反则会被人轻视。古代刑罚不超过犯人的罪行，官爵不超过为官者的德行，所以杀了父亲而任用儿子，杀了哥哥而任用弟弟。刑律的处罚不超过犯人的罪行，官爵的奖赏不超过为官者的德行，刑赏区分得很清楚。以此勉励做好事的人，指责做坏事的人。刑罚极少用而威力无处不在，政策法令极明确而教化四方。古书上说："天子有了美好的德行，亿万人民都倚仗他。"说的就是这种情况。

混乱的时代就不是这样。刑罚超过了犯人的罪行，官爵的奖赏超过了为官者的德行，按照亲属关系来判罪，根据世系来举用贤人。一人有罪就诛灭父、母、妻三族，即使德行像舜一样，也

第二章 仁德礼法

不免受到同样的刑罚,这是按照宗族来判罪。祖先曾经贤能,子孙就能显贵,即使行为如同夏桀、商纣,也必然列在尊位,这是根据世系来举用贤人。按照宗族亲属关系判罪,根据世系举用贤人,即使想没有祸乱,能做到吗?《诗经》上说:"江河沸腾了,山峰碎裂了,高高的山崖变成深谷,深深的峡谷变成山陵。可是当今的执政者,为什么还不知道警惕啊!"说的就是这种情况。

【义理揭示】

荀子主张对有罪者必须处以刑罚,但所处的刑罚应当与其所犯的罪行相称。刑罚与罪行相称就有威力,与罪行不相称就会受到轻视。与此相应,一个人的社会地位也应该与他的德行相称。赏罚皆合度,才能避免社会混乱。

十二 明德慎罚

【原文选读】

治之经①,礼与刑,君子以修百姓宁。明德慎罚,国家既治四海平。

(选自《荀子·成相第二十五》)

注释:

①经:常规,原则。

【文意疏通】

治理国家的根本原则在于礼法和刑罚，君子以此修身并使百姓安宁。弘扬道德，对刑罚采取审慎的态度，国家就能得到很好的治理，实现天下太平。

【义理揭示】

荀子在把礼作为治理国家的基本准则看待的同时，也十分注重刑法的作用，实际上，荀子是把刑法作为推行礼制的主要手段看待的。

十三　法令者，治之具

【原文选读】

孔子曰："导之以政，齐之以刑，民免而无耻；导之以德，齐之以礼，有耻且格。"老氏称："上德不德，是以有德；下德不失德，是以无德。""法令滋章，盗贼多有。"信哉是言也！法令者，治之具，而非制治清浊之原也。昔天下之网尝密矣，然奸伪愈起，其极也，上下相遁①，至于不振。当是之时，吏治若救火扬沸，非武健严酷，恶能胜其任而偷快乎？言道德者，溺②其职矣。故曰："听讼，吾犹人也，必也使无讼乎！""下士闻道大笑之。"非虚言也。

（选自《汉书·酷吏列传》）

注释：

　　①遁，逃避。

第二章 仁德礼法

②溺：丧失。

【文意疏通】

孔子说："用政令来引导百姓，用刑罚来整顿百姓，百姓只是暂时地免于犯罪，却没有廉耻之心；如果用道德来劝导百姓，用礼教来教化百姓，百姓不但有廉耻之心，而且人心归服。"老子说："上德合乎自然，是真正的有德；下德（表面上勤于人事）看上去没有失去道德，其实是无德。""法令繁多则巧诈就会不断滋长，盗贼就会日益增多。"这真是至理名言啊！法令是统治的工具，但并不是统治好坏的根源。从前天下法网严密，盗贼却越来越多，发展到极点，造成了君臣官民之间互相躲避，以致国家衰落，不可挽救。在那个时候，地方的统治纷纷告急，若不使用勇武刚健的官吏和严酷的刑罚手段，又能以什么方法维护统治，暂且实现安定呢？在这种情况下，那些一味讲道德的人便要失职了。所以孔子说："审理诉讼，我同别人差不多，所不同的是一定要使诉讼的事件完全消灭才好！"老子也说："庸人不明大道，才妄加耻笑。"这都不是虚言。

【义理揭示】

法令只是维护统治的工具，却并不是保障统治的灵丹妙药。司马迁深刻地认识到，法网严密有时并不能解决问题，最根本的还是要从人心入手，明"大道"，才能做到真正的"有德"，才能让国家长治久安。

十四 先德教而后刑罚

【原文选读】

政有三品：王者之政，化之；霸者之政，威之；强者之政，胁①之。夫此三者，各有所施，而化之为贵矣。夫化之不变而后威之，威之不变而后胁之，胁之不变而后刑之；夫至于刑者，则非王者之所得已也。是以圣王先德教而后刑罚，立荣耻而明防禁，崇礼义之节以示之，贱货利之弊以变之。修近理内，政橛机②之礼，壹妃匹之际③，则莫不慕义礼之荣，而恶贪乱之耻。其所由致之者，化使然也。

季孙④问于孔子曰："如杀无道，以就有道，何如？"孔子曰："子为政，焉用杀，子欲善而民善矣。君子之德，风也，小人之德，草也，草上之风，必偃。"言明其化而已矣。

治国有二机⑤，刑德是也。王者尚其德而希其刑，霸者刑德并凑⑥，强国先其刑而后其德。夫刑德者，化之所由兴也。德者，养善而进阙者也；刑者，惩恶而禁后者也。故德化之崇者至于赏，刑罚之甚者至于诛。夫诛赏者，所以别贤不肖，而列有功与无功也。故诛赏不可以缪⑦，诛赏缪则善恶乱矣。夫有功而不赏，则善不劝，有过而不诛，则恶不惧，善不劝而能以行化乎天下者，未尝闻也。书曰："毕协赏罚。"此之谓也。

（选自《说苑·政理第七》）

注释：

①胁：以威力胁迫人。
②橛（jué）机：门内，也指内室。
③壹妃匹之际：与后宫妃嫔的会合要专一。
④季孙：名肥，谥康，鲁哀公时为相。

第二章 仁德礼法

⑤机：关键。
⑥凑：聚集。
⑦缪（miù）：错误。

【文意疏通】

为政有三个等级，推行王道的君主为政主张以仁德教化百姓，推行霸道的君主为政主张靠武力震慑百姓，而那些暴君治理国家则是靠刑罚来威胁百姓。这三种政治主张各有自己施行的情形，其中以靠教化来感化百姓的做法最高明。靠教化来感化百姓而没有效果，然后就要用武力来威慑百姓，用武力来威慑而没有改善，就要用刑罚来惩罚百姓。事情发展到一定要用刑罚才能处理的程度，这并不是靠王道统治国家的圣君所应该崇尚的。因此，圣明的君主先用仁德来教化百姓，然后再考虑刑罚。确立荣辱的观念，明确哪些是应该禁止的，崇尚礼仪从而给老百姓做出表率，看轻给国家政治带来各种弊端的名与利，改变人民的风俗，与邻国修好，管理好内政，肃正宫内的礼节，与后宫的关系要专一。这么做了以后，天下的百姓就一定会崇敬仰慕礼义并以此为荣，并且讨厌那些贪腐作乱的行为。想要达到这样的目标就在于施行仁义教化。

季康子问孔子："如果杀了那些无道的人，而亲近那些有品德的人，怎么样？"孔子回答说："你执政，怎么能用杀伐的手段呢？作为执政者，你要是行善，那么你所统治的人也会行善，君子的品德就像风，老百姓的品德就像草，风向哪边吹，草就会向哪边倒。"说的就是要向百姓宣明德教罢了。

治理国家有两个关键，就是刑罚和德行。行王道的人崇尚德教，很少使用刑罚；行霸道的人将德教和刑罚二者并用；以强暴的方式治国的君主先用刑罚，将德教放到了后面。刑罚和德教，都是教化能够在国家实行的根源。德教，就是用来培养人民良好的品性而补充其不足之处。所谓刑罚，就是用来惩处邪恶而禁止后来的人效仿的手段。所以，受到德行教化到最大的程度就是奖赏，受到刑罚最严重的就是诛杀。诛杀和奖赏，是用来区别对待贤良和不贤良、有功和无功之人的方法。所以，奖赏和刑罚不能乱用，奖赏和刑罚如果出错，就使得国家善恶标准发生混乱。如果有功的人得不到奖赏，那么就不能勉励人们去做善事；有过错的人没有得到惩罚，那么恶人就不会害怕。如果这样还有能在天下行教化的人，我是没有听说过。《尚书》说："尽力去做好奖赏惩罚。"说的就是这个道理。

【义理揭示】

德教和刑罚，在治国时往往并举，但刘向认为，二者还是应该有先后顺序，推行王道者，应先德教，后刑罚，以刑惩恶是迫不得已的举措。正因如此，即便是奖惩，也应该万分慎重，奖善惩恶，不可乱用。

十五 政之善者，无取于严刑

【原文选读】

史臣曰：御之良者，不在于烦策，政之善者，无取于严刑。故虽宽猛相资，德刑互设，然不严而化，前哲所重。士文等运属钦明，时无桀黠，未闲道德，实怀残忍。贼①人肌体，同

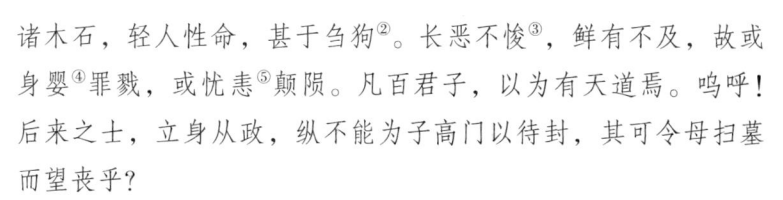

诸木石，轻人性命，甚于刍狗②。长恶不悛③，鲜有不及，故或身婴④罪戮，或忧恚⑤颠陨。凡百君子，以为有天道焉。呜呼！后来之士，立身从政，纵不能为子高门以待封，其可令母扫墓而望丧乎？

（选自《隋书·酷吏列传》）

注释：

①贼：害，损害。
②刍（chú）狗：用草扎的狗，用以祭祀。
③悛：改，悔改。
④婴：被……缠绕。
⑤恚（huì）：愤恨。

【文意疏通】

　　掌管史书的大臣说：善于治国御民的人，不在于制定烦琐的政策法令；良善的政治，并不取决于严酷的刑罚。故而虽然治国理政需要宽严相互支持，德教与刑罚相互补充，然而不重严刑峻法而重礼仪教化，是前代圣哲所看重的。及至看似时运清明，没有桀纣这样的恶人，道德盛行，但实际上统治者却是心怀残忍。一些酷吏损害人们的肌体，像损害木头石头一样随意，轻视人的性命，比轻视祭祀用的草狗还厉害。他们一贯作恶，屡教不改，很少有不及于此的，因此身陷牢狱，甚至有杀戮之灾，或者忧心愤恨命运颠沛。即便是这样，君子们还认为这就是天道。唉！后来的士人，立身参政，即便不能高官厚禄光耀门第，难道就可以因触犯刑法被杀戮，让老母亲为自己扫墓料理丧事吗？

【义理揭示】

刑法的本意不在残害和杀戮，而在警戒，以刑辅德，才是正道。治国的关键在于用礼义道德教化民众，而非制定严刑峻法。酷吏的错误，在于他们过于迷信刑法，心怀残忍，终致下场惨淡。

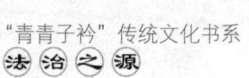

儒家法律思想的奠基人是孔子，孟子和荀子继承和发展了孔子的法律思想，使得儒家学派的法律思想发扬光大并影响后世，成为汉代至清末两千余年中传统中国法律思想的主流。儒家法律思想大致有以下基本特点：

第一，崇尚礼治。孔子主张"礼乐征伐自天子出"，维护礼的权威性；孟子主张法先王、明礼义、行仁政，也是对礼的维护；荀子主张礼是治理社会、制约人性的最高准则，是保障国家强盛的根本制度，更加强调礼的权威。儒家向往的是礼所规定的理想的等级制度，追求的是礼所包含的人道精神，所以他们不是"法治"主义者，而是礼治推崇者，相对轻视刑法的作用，一再强调要用礼作为刑罚的指导原则，说"礼乐不兴，则刑罚不中"。荀子虽然把礼和刑都视作治理国家的纲领，但他也强调礼对刑的指导作用，说"礼者，法之大分，类之纲纪也"。

第二，注重德治。孔子、孟子、荀子都针对德治提出了自己的主张，他们重视民众的价值，要求统治者要以仁爱之心对待民众，要使民众富足，使用民力要有节制，孟子甚至提出了

第二章 仁德礼法

以民为本的主张，说"民为重，社稷次之，君为轻"。他们重视教化的作用，认为这才是国家大治的根本，反对不进行教化就使用刑罚，认为"不教而杀"是暴政，荀子还希望通过教化来改造人的恶的本性。儒家虽不否认刑罚的作用，但并不一味依赖和看重它，而主张少用刑罚，反对滥用死刑，可谓"重德轻刑"。荀子比孔孟要看重刑罚，但也不主张轻易使用，他更注重奖励的作用，反对滥刑，说"杀一无罪而得天下，仁者不为也"。

第三，强调人治。儒家认为，无论是"礼治"还是"德治"，都要依靠人去实现，所以他们特别强调"人"的重要性。在治国中，最重要的两类人：一是君主，起决定性作用。孔子说"上好礼，则民莫敢不敬；上好义，则民莫敢不服"；孟子说"君仁，莫不仁；君义，莫不义；君正，莫不正"；荀子也认为只有维护君主的最高地位，国家才能大治。二是贤能的人才，要使优秀人才都能获得参政的机会，"近不失亲，远不失举""学而优则仕"，各级官吏都由"贤者"担任，国家才能得到有效的管理。

在以上三个基本特点中，推崇礼治是儒家思想最重要的特点，它与儒家对法的认识，对社会规范的认识有关，是德治和人治的基础。

曾经有人提出过一个非常有趣的观点：在人类文明的摇篮期，出现了三种价值取向与精神趋向完全不同的文明形态。古希腊人关心的是人与自然的关系，由此诞生了科学文化；古印

度人关心的是人与神的关系,由此诞生了宗教文化;中国人从先秦诸子开始就一直在关心人与人的关系,由此诞生了一种以道德伦理为核心的人的文化。

这一观点虽说略显绝对,但是在整个文史哲研究领域中,还是得到了较为普遍的认可。那么,这样一种说法放在法学领域,又是否正确呢?答案是肯定的。从某种意义上讲,传统中国法是人文性与道德性的法律,"人为贵、德为本"是传统中国法的基本精神。

《唐律疏议·名例》中将"人为贵"的精神表述为:"夫三才肇位,万象斯分。禀气含灵,人为称首。莫不凭黎元而树司宰,因政教而施刑法。"所谓"人为称首",就是人处在首位。同时,《唐律疏议·名例》还提到"德礼为政教之本"。"德礼"是中国传统文化中的重要概念。德为生,生成仁,仁即爱;义为宜,宜为理,理为道。《唐律疏议》中的两段话,正是从法律的维度印证了传统中国法的人文性与道德性本质。

然而,我们可能会产生一个疑问,以人文性与道德性为本质的传统中国法,是否符合现代法律精神,能够顺应当今的时代发展呢?从一般意义上讲,人类制定法律是为了追求客观、公平与正义,法律的基本使命与价值就在于维护社会秩序与正义,而传统中国法的人文性与道德性精神其实暗含有"人治"意味,这是否意味着传统中国法其实有悖于现代法律精神,不符合现代法律的基本使命与价值,故而在当今时代已经不再适用了呢?

要想回答上述问题,需要对传统中国法的人文性和道德性本质有更深的理解。传统中国法通过"隆礼"体现对秩序的追求,通过"重生"体现对正义的追求。只不过,中西法律传统

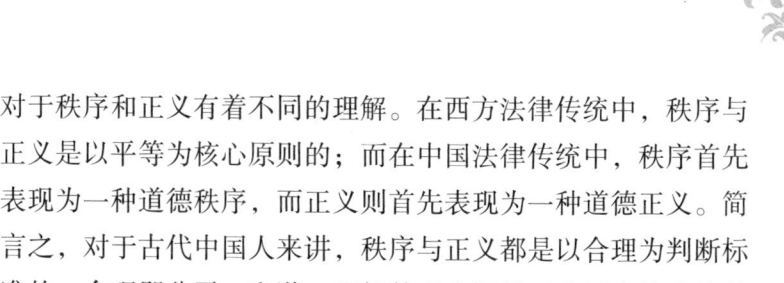

对于秩序和正义有着不同的理解。在西方法律传统中，秩序与正义是以平等为核心原则的；而在中国法律传统中，秩序首先表现为一种道德秩序，而正义则首先表现为一种道德正义。简言之，对于古代中国人来讲，秩序与正义都是以合理为判断标准的。合理即公平、和谐，理想的观念深植于我国古代法律的发展史中，同时也内化为我们民族秉性的一部分。

这样一种"隆礼""重生"的法律观，至今仍有非常重要的现实意义和实际价值。例如，传统中国法的人文性让恤刑成为我国法律传统中的重要内容，这与反对刑讯逼供、慎用死刑的现代法律观念相互补充。当然，我们不得不承认，传统中国法的人文性与道德性本质在很大程度上已经丢失。近现代以来，伴随着西方话语的逐渐侵入，现代意义上的法律观念与原则对传统中国法的取代表现在方方面面，而最核心的是抛弃了宗法、血缘与道德伦理对法律的规约，转而追求实证主义的法律观，将法律的独立性与权威性视为绝对化的存在。从历史发展的宏观角度来看，这无疑是具有进步意义的。

文化感悟

1. 请结合文选谈谈孔子对"法"的态度。
2. 儒家的法治思想对我们今天有何启示？
3. 你怎样理解中国法中的道德人文精神？

"青青子衿"传统文化书系
法治之源

第三章 道法自然

一 为无为，则无不治

【原文选读】

不尚贤①，使民不争；不贵难得之货，使民不为盗；不见可欲，使民心不乱。是以圣人之治，虚其心②，实其腹，弱其志③，强其骨。常使民无知无欲，使夫智者不敢为④也。为无为⑤，则无不治。

(选自《老子·第三》)

注释：

①尚贤：标榜贤才。

②虚其心：清静人民的心思。

③弱其志：减小人民的心志。

④智者不敢为：聪明的人不敢妄为。

第三章 道法自然

⑤为无为：以无为的方式去为，以顺其自然的态度去处理事情。

【文意疏通】

不标榜才能突出的人，使人民不争功名利禄；不珍重难得的财物，使人民不去做盗贼；不炫耀引起欲望的事物，使人民不被迷惑。因此，有道的人治理国家，要净化人民的心思，满足人民的温饱，减小人民的心志，增强人民的体魄，常使人民没有欺伪的心思，没有争权夺利的欲念，使那些自作聪明的人不敢妄为。以无为的态度去处理政务，就没有治理不好的事情。

【义理揭示】

老子主张治国应遵"道"而行，无为而治，"无为"是指统治者让人民做他们自己能做的事情，不要强迫人民做他们不能做的事，但要限制人民的才智和欲望，使他们过淳朴太平的生活。如果统治者过度"有为"，就会造成灾难性的后果。

二 大道废，有仁义

【原文选读】

大道①废，有仁义；智慧②出，有大伪；六亲③不和，有孝慈；国家昏乱，有忠臣。

（选自《老子·第十八》）

注释：

①大道：指社会政治制度和秩序。

②智慧：聪明、智巧。

③六亲：父、子、兄、弟、夫、妇。

【文意疏通】

　　大道被废弃了，才有提倡仁义的需要；聪明智巧的现象出现了，伪诈才盛行一时；家庭出现了纠纷，才能显示出孝与慈；国家陷于混乱，才能现出忠臣。

【义理揭示】

　　鱼儿在水中游动，并不觉得水的重要；人在空气中生活，也不觉得空气的重要；大道兴隆，仁义行于其中，人们自然不觉得有提倡仁义的必要。等到崇尚仁义的时代，社会风气已经是不纯厚的了。

三　见素抱朴

【原文选读】

　　绝圣弃智①，民利百倍；绝仁弃义，民复孝慈；绝巧弃利，盗贼无有。此三者，以为文②不足。故令有所属③：见素抱朴④，少思寡欲，绝学⑤无忧。

（选自《老子·第十九》）

注释：

①绝圣弃智：抛弃聪明智巧。

②文：文饰、浮文。

③属：归属、适从。
④见素抱朴：保持原有的自然本色。素，没有染色的丝。朴，没有雕琢的木。
⑤绝学：指弃绝仁义圣智之学。

【文意疏通】

　　抛弃聪明智巧，人民可以得到百倍的好处；抛弃仁和义，人民可以恢复孝慈的天性；抛弃巧诈和逐利，盗贼也就消失了。圣智、仁义、巧利这三者全是文饰，作为治理社会的法则是不够的，所以要使人们的思想认识有所归属，保持纯洁朴实的本性，减少私欲杂念，抛弃圣智礼法之学，才能免于忧患。

【义理揭示】

　　"圣""智"产生法制巧诈，用法制巧诈治国，便成为扰民的"有为"之政。抛弃这种扰民的政举，人民自然可以得到百倍的好处。

四　大制不割

【原文选读】

　　知其雄，守其雌①，为天下溪②。为天下溪，常德不离。常德不离，复归于婴儿。知其白，守其辱，为天下谷。为天下谷，常德乃足，复归于朴。朴散则为器③，圣人用之，则为官长④，故大制不割。

（选自《老子·第二十八》）

注释：

①知其雄，守其雌：雄，比喻刚劲、躁进、强大。雌，比喻柔静、软弱、谦下。

②溪：山涧的流水。

③器：物，指万物。

④官长：百官的首长，君王。

【文意疏通】

深知什么是雄强，却安守雌柔的地位，甘愿做天下的溪涧。甘愿做天下的溪涧，永恒的道德就不会离失，回复到婴儿般单纯的状态。深知什么是明亮，却安于暗昧的地位，甘愿做天下的山谷。甘愿做天下的山谷，永恒的道德才可以充实，恢复到质朴的状态。质朴的"道"分散成万物，有道的人沿用质朴，则为百官之首。所以完善的政治是不违反天道的。

【义理揭示】

为了达到无为而治的目的，老子认为统治者必须清静无为，"见素抱朴"，顺应自然，这样才能达到真正的天下"大治"，而儒家提出的忠孝仁义之类的思想都是违反天道的产物，是社会病态、国家混乱的表现。

第三章 道法自然

五 法令滋彰，盗贼多有

【原文选读】

以正①治国，以奇②用兵，以无事取天下③。吾何以知其然哉？以此：天下多忌讳④，而民弥贫；人多利器⑤，国家滋昏；人多伎巧⑥，奇物⑦滋起；法令滋彰，盗贼多有。故圣人云：我无为而民自化⑧，我好静而民自正，我无事而民自富，我无欲而民自朴。

(选自《老子·第五十七》)

注释：

①正：此处指无为、清静之道。

②奇：奇巧、诡秘，随机应变。

③取天下：治理天下。

④忌讳：禁令教诫。

⑤利器：锐利的武器，一说喻权谋。

⑥伎(jì)巧：技巧，智巧。

⑦奇物：邪事、奇事。

⑧自化：自我化育。

【文意疏通】

以无为清静之道去治理国家，以奇巧诡秘的办法去用兵，以不扰害人民而治理天下。我怎么知道这种情形呢？根据就在于此：天下的禁忌越多，老百姓就越陷于贫穷；人民的锐利武器越多，国家就越陷于混乱；人们的智巧越多，邪风怪事就越闹得厉害；法令越是森严，盗贼就越是不断地增加。所以有道的圣人说，我无为而治，人民就自我化育；我不搅扰民生，人民就自然富足；我没有贪欲，人民就自然淳朴。

【义理揭示】

老子对"礼"和"法"都持否定态度，认为礼不但起不到拯救人心和挽救社会的作用，反而会导致人心的败坏和社会混乱；法令太多太严，只会导致犯法者更多，犯罪率更高。

六 民不畏死，奈何以死惧之

【原文选读】

民不畏死，奈何以死惧之？若使民常畏死，而为奇①者，吾得执②而杀之，孰敢？常有司杀者③杀。夫代司杀者杀，是谓代大匠斫④。夫代大匠斫者，希有不伤其手矣。

（选自《老子·第七十四》）

注释：

① 为奇（jī）：为邪作恶的行为。
② 执：拘押。
③ 司杀者：指专管杀人的，即天道。
④ 斫：砍、削。

【文意疏通】

人民不畏惧死亡，为什么用死来吓唬他们呢？假如人民真的畏惧死亡的话，对于为非作歹的人，我们就把他抓来杀掉，

第三章 道法自然

谁还敢为非作歹？天地间自有专司杀生者来主持生死，如果代替天道去执行杀的任务，这就如同代替高明的木匠去砍木头，那代替高明的木匠砍木头的人，很少有不砍伤自己手指头的。

【义理揭示】

人的生死本是顺应自然的，如庄子所说的"适来，时也；适去，顺也"。人生在世，理应享尽天赋的寿命，然而君主只为了维护一己的权益，用斧钺威禁，肆意杀人，使得许多人本应自然地死亡，却在年轻力壮时，被统治者驱向穷途，而置于刑戮。这样的统治，必是不长久的。

七 至德之世，其行填填，其视颠颠

【原文选读】

彼民有常性①，织而衣，耕而食，是谓同德②。一而不党③，命曰天放④。故至德之世，其行填填⑤，其视颠颠⑥。当是时也，山无蹊隧⑦，泽无舟梁；万物群生，连属其乡⑧；禽兽成群，草木遂长⑨。是故禽兽可系羁⑩而游，乌鹊之巢可攀援而窥。夫至德之世，同与禽兽居，族与万物并⑪。恶乎知君子小人哉！同乎无知，其德不离⑫；同乎无欲，是谓素朴。素朴而民性得矣。

及至圣人，蹩躠⑬为仁，踶跂⑭为义，而天下始疑⑮矣。澶漫⑯为乐，摘僻为礼，而天下始分矣。故纯朴⑰不残，孰为牺尊⑱？白玉不毁，孰为珪璋⑲？道德不废，安取仁义？性情不离，安用礼乐？五色不乱，孰为文采⑳？五声不乱，孰应六律？

夫残朴以为器，工匠之罪也；毁道德以为仁义，圣人之过也。

（选自《庄子·外篇·马蹄》）

注释：

①常性：固有不变的天性。

②同德：指人类共有的天性。

③党：偏私，偏爱。

④天放：出自本性的放任。

⑤填填：老实稳重的样子。

⑥颠颠：目不斜视的样子。

⑦蹊隧：蹊，小路。隧，隧道。

⑧连属其乡：居处相连而不分界线。

⑨遂长：茂盛地生长。

⑩系羁：用缰绳牵引。

⑪族与万物并：族，聚集在一起。并，共处。

⑫其德不离：德，指天性。离，指丧失。

⑬蹩（bié）躠（xiè）：步履艰难、吃力行走的样子。

⑭踶（dì）跂（qí）：脚跟上提、竭力向上的样子。

⑮疑：惑乱。

⑯澶（chán）漫：放纵。

⑰纯朴：指未曾加工的完整的木料。

⑱牺尊：刻着牛头图形的祭神用的木头酒器。尊，通"樽"。

⑲珪（guī）璋（zhāng）：古代贵族参加各种礼仪时所执。

⑳文采：纹彩，华丽的花纹色彩。

【文意疏通】

人自有人固有的天性，织布穿衣，种田吃饭，这叫作人类的共同天性。把什么都看成是一样的而没有偏爱私情，这叫作出自本性的放任。所以，那盛德的上古时代，人们走路稳稳重重，目不斜视，从不左顾右盼。在那种时代，山中没有路径通道，水上没有船只桥梁，各种物类共同生活在一起，没有区域划分；飞禽走兽结伙成群，花草树木繁荣茂盛。因而，禽兽可以任意牵着游玩，乌鸦、喜鹊的窝巢也可以爬上去观看。那盛德的上古时代，人们和禽兽混杂同居，与万物合聚并处，哪里知道什么君子小人的区别呢？大家都一样没有知识，人们的本性没有丧失；大家都一样没有贪欲，这就叫作纯真质朴。纯真质朴，人们的天然本性便保住了。

等到出现了圣人，孜孜不倦地追求仁义，于是天下开始有了惑乱和猜疑。放纵无度地崇尚音乐，装模作样地追求礼仪，于是天下开始有了等级的区分。所以，完整的木头不被砍削，怎么做得出祭祀的酒器？洁白的玉石不被雕琢，怎么做得出珪璋之类的玉器呢？自然之道不被废弃，哪里用得着仁义？天然本性不丧失，哪里用得上礼乐制度？五色不被搅乱，怎么会有纹彩花样？五声不被错乱，怎么能合上六律？砍削木料来做成器具，这是木工的罪过；毁坏大道和天性来推行仁义，则是圣人的罪过。

【义理揭示】

庄子发展了老子"无为而治"的思想，主张绝对"无为"，甚至主张取消一切制度和文化。他认为天下不治就是统治者欲多为多造成的恶果，"圣人生而大盗起"。这其实表达了对太平安康生活的向往和对统治者的不满，但容易导向法律虚无主义，造成消极影响。

八 圣人不死，大盗不止

【原文选读】

　　夫川竭而谷虚，丘夷①而渊实。圣人已死，则大盗不起，天下平而无故②矣！圣人不死，大盗不止。虽重圣人而治天下，则是重利盗跖也。为之斗斛③以量之，则并与斗斛而窃之；为之权衡④以称之，则并与权衡而窃之；为之符玺⑤以信之，则并与符玺而窃之；为之仁义以矫⑥之，则并与仁义而窃之。何以知其然邪？彼窃钩者诛⑦，窃国者为诸侯，诸侯之门而仁义存焉，则是非窃仁义圣知邪？故逐⑧于大盗，揭诸侯⑨，窃仁义，并斗斛、权衡、符玺之利者，虽有轩冕之赏弗能劝⑩，斧钺⑪之威弗能禁。此重利盗跖而使不可禁者，是乃圣人之过也。

（选自《庄子·外篇·胠箧》）

注释：

①夷：平。

②故：变故。

③斛（hú）：古代一种量器，十斗为一斛。

④权衡：权，秤锤。衡，秤杆。

⑤符玺（xǐ）：符，古代用作凭据的信物，用竹、木、玉、铜等制成，刻有文字，分成两半，双方各执一半，合起来即可验证真伪。玺，印章。

⑥矫：矫正，纠正。

⑦窃钩者诛：钩，衣带钩。诛，杀。

第三章 道法自然

⑧逐：追随。

⑨揭诸侯：指身居诸侯之高位。揭，举，这里为占有的意思。

⑩轩冕之赏弗能劝：轩，古代大夫以上的人所乘坐的车。冕，古代大夫以上的人所戴的礼帽。这里指代高官厚禄。劝，勉励，劝勉。

⑪斧钺：钺，大斧，指代杀戮刑罚。

【文意疏通】

溪水干涸了，山谷才会空旷；丘陵铲平了，渊潭才能填满。哪一天圣人都死了，哪一天大盗就不会兴起，天下才能够复归太平无事。圣人不死，大盗就不会止息。虽然推崇圣人来治理天下，但是这会使大盗获得最大的利益。你给人们制造了斗、斛来称量东西，人们就连同秤锤、秤杆一起偷去。你给人们制定了符契印章来作为凭据，人们就连同符契印章一起偷去；你给人们制定了仁义来匡正行为，人们就连同仁义一起偷去。根据什么知道是这样呢？那些偷盗衣带钩的人是要被杀头的，但是那些窃取国家政权的人却成为诸侯。诸侯的门庭里倒是有了仁义，那么这不就是窃取了仁义圣智吗？所以那些追随大道，位居诸侯高位，窃取仁义以及斗斛、秤锤秤杆、符契印章的人，即使有了高官厚禄的奖赏也不能使他们再受到什么鼓励，即使有被砍杀的刑威也无法禁止他们为非作歹。这些使大盗获取厚利而无法禁止的情况，正是圣人的罪过啊。

【义理揭示】

与儒家在治国上推崇"圣人""君子"不同，道家认为"圣人"恰恰是导致天下混乱的罪魁祸首。庄子是俯瞰群生的，在他看来，仁义道德、礼仪法制之类一旦产生，就有窃取它们以谋私利的人，于是罪恶便产生了。

九 绝圣弃知，大盗乃止

【原文选读】

故曰："鱼不可脱于渊，国之利器①不可以示人。"彼圣人者，天下之利器也，非所以明②天下也。故绝圣弃知，大盗乃止；擿③玉毁珠，小盗不起；焚符破玺，而民朴鄙；掊斗折衡，而民不争；殚④残天下之圣法，而民始可与论议；擢⑤乱六律，铄⑥绝竽瑟，塞瞽旷之耳，而天下始人含其聪矣；灭文章⑦，散五采，胶离朱之目，而天下始人含其明矣；毁绝钩绳，而弃规矩，攦工倕之指⑧，而天下始人有其巧矣。故曰：大巧若拙。削⑨曾⑩、史⑪之行，钳⑫杨、墨之口，攘⑬弃仁义，而天下之德始玄同矣。彼人含其明，则天下不铄矣；人含其聪，则天下不累矣；人含其知，则天下不惑矣；人含其德，则天下不僻矣。彼曾、史、杨、墨、师旷、工倕、离朱，皆外立其德而爚乱⑭天下者也，法之所无用也。

(选自《庄子·外篇·胠箧》)

注释：

①国之利器：治理国家的有效工具，这里指权势禁令、仁义圣智。

②明：明示，让人明明白白地看到。

③擿（zhì）：同"掷"，投掷。

④殚（dān）：尽。

⑤擢（zhuó）：拔除。

第三章 道法自然

⑥铄（shuò）：销毁。

⑦文章：纹彩，花纹。

⑧攦（lì）工倕之指：折断工倕的手指。攦，折断。工倕，名叫倕的木匠，相传是尧时人，他发明了规和矩。

⑨削：削除。

⑩曾：曾参。

⑪史：史鰌（qiū），字子鱼，古书上有史鰌尸谏的传说。

⑫钳：夹住。

⑬擢：排斥，排除。

⑭爚（yuè）乱：扰乱，迷乱。爚，照耀。

【文意疏通】

　　所以说，鱼儿不能离开深渊，治国的利器不可以拿出来向人炫耀。那些所谓的圣人，就是治国的利器，而他们不是可以拿出来明示于天下的东西。所以消灭圣人，抛弃智慧，大盗才能止息；扔掉美玉，砸碎珠宝，小偷就不会产生；烧掉符，毁掉印玺，人们才会纯朴真挚；打破斗斛，折断秤杆，人们才不会争夺；把天下的圣人礼法消灭干净，才可以与人们一起来讨论是非曲直；拔掉那些律管，销毁所有的乐器，堵塞瞎子师旷的耳朵，普天之下才会人人都具有自己灵敏的听觉；消灭纹饰，扰乱色彩，粘住离朱的眼睛，普天之下才会人人都具有自己敏锐的视力；毁坏弧钩，割断墨线，抛弃圆规方矩，折断工倕的手指，普天之下才会人人都具有自己的巧技。所以说，最大的智巧似乎是很笨拙愚钝的。铲除曾参、史鰌的行为，夹住杨朱、墨翟的嘴巴，摒弃仁义，天下人的德行才能够与天道齐同。像那样人人都具有自己的敏锐视力，天下就不会有五彩炫耀；人人都有自己的智慧，天下就不会惑乱；人人都具有自己的德行，天下就不会有邪门歪道。曾参、史鳅、杨朱、墨翟、师旷、工倕、离朱这些人，都炫耀自己使自己名扬天下，以至于使天下人迷惑混乱，人们效法他们是没有什么好处的。

【义理揭示】

　　君子和圣人，制礼设法，为天下确立了众多制度和规矩，其结果是引起争夺，迷惑人性，制造混乱。庄子以为，只有"绝圣弃知"，才能让人心重返淳朴天真，社会才能最终安宁。

十　故天下之大不足以赏罚

【原文选读】

　　人大喜邪，毗①于阳；大怒邪，毗于阴。阴阳并毗，四时不至，寒暑之和不成，其反伤人之形乎！使人喜怒失位，居处无常，思虑不自得，中道不成章②，于是乎天下始乔诘卓鸷③，而后有盗跖、曾、史之行。故举天下以赏其善者不足，举天下以罚其恶者不给。故天下之大不足以赏罚。自三代以下者，匈匈④焉终以赏罚为事，彼何暇安其性命之情哉！

（选自《庄子·外篇·在宥》）

注释：

　　①毗（pí）：伤。
　　②成章：有条理。
　　③乔诘（jié）卓鸷（zhì）：泛指世上出现的种种不平之事。乔诘，意

第三章 道法自然

不平。卑骛,行不平。

④訇訇:喧嚣。

【文意疏通】

人过于欢乐,就会伤害阳气;过于愤怒,就会伤害阴气。阴阳之气相互侵害,四时不按顺序到来,寒暑不调和,岂不是反而伤害了人的身体吗?使人喜怒无常,胡乱行动,思想漂浮不自主,行事中途而废欠缺条理,于是天下才开始出现种种不平之事,而后产生了盗跖、曾参、史鰌那样的行为。因此用尽天下之物不足以奖赏善举,用尽天下之力也不足以惩罚恶行。所以天下之大,不足以处理奖赏惩罚的事情。自从三代以后,世人都吵吵嚷嚷地以奖赏惩罚为能事,他们哪里有空闲来安定人的自然本性和真情呢?

【义理揭示】

道家认为对个人修养来说,"无为"是指一个人应把他的作为严格限制在必要的、自然的范围内,绝不可过度;对治国而言,"无为"是不折腾,不刻意为之,否则费尽心力也难以收拾。

十一 五刑之辟,教之末也

【原文选读】

本在于上,末在于下①;要在于主,详在于臣②。三军五兵③之运,德之末也;赏罚利害,五刑④之辟,教之末也;礼法度数⑤,形名比详⑥,治之末也;钟鼓之音,羽旄之容⑦,乐之末也；哭泣衰绖⑧，隆杀之服⑨，哀之末也。此五末者，须精神之运，心术⑩之动，然后从之者也。

末学者，古人有之，而非所以先也。君先而臣从，父先而子从，兄先而弟从，长先而少从，男先而女从，夫先而妇从。夫尊卑⑪先后，天地之行也，故圣人取象⑫焉。天尊地卑，神明之位也；春夏先，秋冬后，四时之序也；万物化作，萌区有状，盛衰之杀，变化之流也。夫天地至神，而有尊卑先后之序，而况人道乎！宗庙尚亲，朝廷尚尊，乡党尚齿，行事尚贤，大道之序也。语道而非其序者，非其道也。语道而非其道者，安取道？

（选自《庄子·外篇·天道》）

注释：

①本在于上，末在于下：本为根本，指天道无为。末为枝节，指人事。

②要在于主，详在于臣：要，纲要，机要。详，细目，细节。

③三军五兵：三军，泛指军队。五兵，戈、殳、戟，酋矛、夷矛。

④五刑：墨、劓、剕、宫、大辟。

⑤礼法度数：礼法，五礼遵循的法度。五礼，即吉、凶、军、宾、嘉。度，计量长短的标准。数，数字计算。

⑥形名比详：对事物之名实关系进行比较审查。形，事物之形体。名，名称。比，比较。详，审定、审核。

⑦羽旄（máo）之容：用鸟羽、兽毛装饰歌舞者的服装道具，显示仪表华美庄重。羽，鸟羽。旄，兽毛。

⑧衰（cuī）绖（dié）：衰，丧服。绖，用麻制作的腰带和首带，皆为服丧时穿戴。

⑨隆杀之服：隆，提升，加重。杀，降级。丧服分为斩衰、齐衰、大功、小功及缌麻，应根据本人与死者关系，予以加隆或降等。

第三章 道法自然

⑩心术：心智。
⑪尊卑：指天地之运行有上下先后之分。
⑫取象：取而效法。

【文意疏通】

天道无为之本由君主掌握，政事礼法之末由群臣执行；君主在上总领其纲要，群臣在下行其细节。军队武器的动用，是道德的末流；赏罚的推行，五种刑罚的设立，是教化的末流；五礼法度、长短计算、名实比较，是治理的末流；用钟鼓奏乐，装饰舞蹈，是礼乐的末流；哭祭服丧，各有等级，是哀悼的末流。这五类末流之事，都要精神、心智运动起来，然后随之而动。

追求末节的情况，古代就有了，但古人不把它们放在首要位置。君主在先而臣子从属，父亲在先而子女从属，哥哥在先而弟弟从属，年长者在先而年幼者从属，男人在先而女人从属，丈夫在先而妻子从属。天地的运行，有上下先后之分，因此人们取天地运行的规律而加以效法。天在上地在下，是神明确定的位置；春夏在前，秋冬在后，是四时的顺序；万物化生，然后化生为各种形状，再由盛而衰，这是变化的结果。天地之道神秘莫测，还有上下先后之顺序，何况是人道呢？宗庙祭祀崇尚血缘之亲，朝廷崇尚地位高者，乡里尊敬长者，治理国家崇尚贤能的人，这是大道的先后次第。谈论大道却非议大道安排下的秩序，这就不是真正在尊崇大道；谈论大道却非议体语大道的人，怎么能真正获得大道？

【义理揭示】

地法天，天法道，道法自然。道家以为，天地有大道，人

类只要效法于天，顺应自然，便可以得道而行。至于礼法之类，皆属末流，古已有之，但不必过于看重。

十二 形名赏罚，非知治之道

【原文选读】

是故古之明大道者，先明天而道德次之，道德已明而仁义次之，仁义已明而分守①次之，分守已明而形名次之，形名已明而因任②次之，因任已明而原省③次之，原省已明而是非次之，是非已明而赏罚次之，赏罚已明而愚知处宜④，贵贱履位⑤，仁贤不肖袭情⑥。必分其能，必由其名。以此事上，以此畜⑦下，以此治物，以此修身，知谋不用，必归其天⑧。此之谓大平⑨，治之至也。故书曰："有形有名⑩。"形名者，古人有之，而非所以先也。古之语大道者，五变⑪而形名可举，九变⑫而赏罚可言也。骤而语形名，不知其本也；骤而语赏罚，不知其始也。倒道⑬而言，迕道而说者，人之所治⑭也，安能治人！骤而语形名赏罚，此有知治之具⑮，非知治之道。可用于天下，不足以用天下，此之谓辩士，一曲之人⑯也。礼法数度，形名比详，古人有之，此下之所以事上，非上之所以畜下也。

(选自《庄子·外篇·天道》)

注释：

①分守：职责，职守。

②因任：根据职责授予事务。

③原省：对政绩进行考核。

第三章 道法自然

④愚知处宜：愚笨的人和聪明的人都被安排到合适的位子上。

⑤贵贱履位：尊贵的人和低贱的人各就其位。履，践，就。

⑥袭情：依据实际情形。袭，因袭，依据。情，实也。

⑦畜（xù）：同"蓄"，保养。

⑧归其天：复归于虚静无为的天道上来。

⑨大平：太平盛世，治道之极致。大，同"太"。

⑩有形有名：形体和名称。

⑪五变：五个推演过程，分别为一天，二道德，三仁义，四分守，五形名。

⑫九变：在五变基础上增加六因任，七原省，八是非，九赏罚。

⑬倒道：与道相反相违。

⑭人之所治：被人治理。

⑮知治之具：只知道治理的具体方法、手段，不知精神实质，知末而不知本。

⑯一曲之人：只有一孔之见、一技之长，不懂无为大道的人。

【文意疏通】

　　因此，古时候明大道的人，先明天道而把道德放在其次，道德既明则把仁义放在其次，仁义既明则把职责放在其次，职责既明则把名实放在其次，名实既明则把因职授事放在其次，因职授事既明则把推究审查放在其次，推究审查既明则把是非放在其次，是非既明则把赏罚放在其次，赏罚既明则把愚笨的人与聪明的人都安排得当、尊贵者与低贱者各就其位、贤明的人与不成材的人依据实际情况安排妥当。按每个人的才能加以区分，由其名而责其实。用这一套来侍奉君主，保养万民，治理万物，修养自身，就会不用智谋，复归于虚静无为的天道。这就叫作太平，是治理天下的极致。所以古书上说："有形体有

名称。"事物形体与名称的区分，自古以来就有了，只是古人不把它放在首要地位。古代谈论大道的人，经历五个层次的推理，形体和名称辨析可以列举出来，经过九个层次推理，赏罚被讲出来。匆忙谈论事物形体和名称的问题，就不知道它的根本；匆忙谈论赏罚问题，就不知道它的开始。违背道去讲，抵触道去讲，只能为人所治，怎么能治理别人呢？匆忙谈论形名赏罚的人，他们只知道治世的具体方法手段，并不懂得治世之道。这样的人可用来为天下之事劳碌奔波，却不足以治理天下。这就是言辩之士，只具有一孔之见的人。五礼之法，长度计算，对形与名的比较审核，这些古代就有了，但这是臣子用来侍奉君王的做法，而不是君主用来保养臣民的大道。

【义理揭示】

君主保养臣民之道与臣子侍奉君王之道是不同的，庄子认为，君主应首先"明大道"，不可舍本逐末，去谈形名、赏罚等细枝末节的问题。"明大道"也即顺应天道，清静无为，垂拱而治。

文化倾听

道家的代表人物是老子和庄子。老子认为，宇宙间的一切都产生于"道"，它高于自然万物和人类社会，是一种顺应自然规律的理念和精神，统治者治理国家如果能遵循"道"，顺道而行，就能"无为而治"，"我无为而民自化，我好静而民自正，我无事而民自富，我无欲而民自朴"。

第三章 道法自然

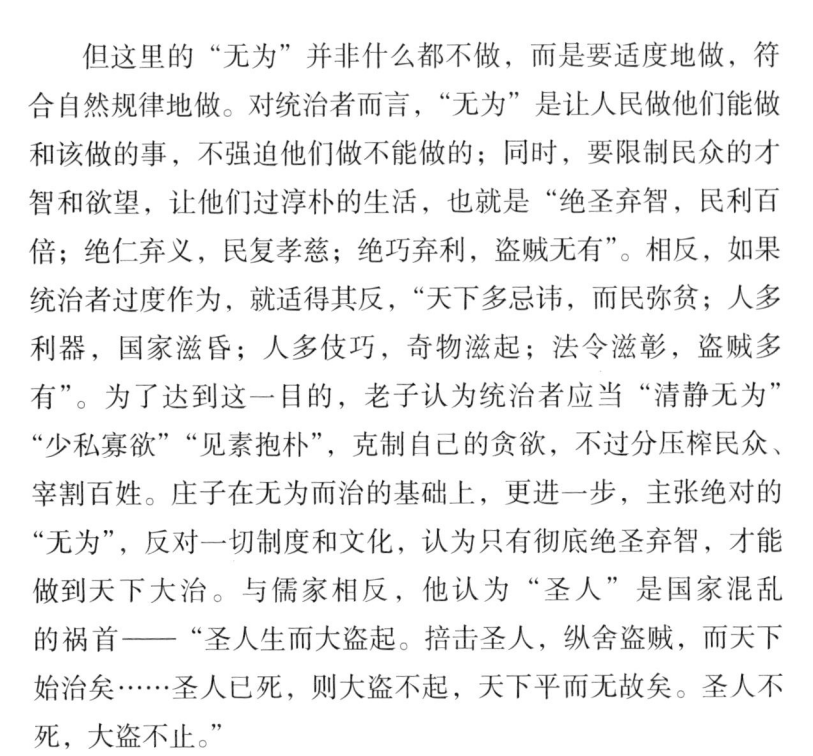

但这里的"无为"并非什么都不做,而是要适度地做,符合自然规律地做。对统治者而言,"无为"是让人民做他们能做和该做的事,不强迫他们做不能做的;同时,要限制民众的才智和欲望,让他们过淳朴的生活,也就是"绝圣弃智,民利百倍;绝仁弃义,民复孝慈;绝巧弃利,盗贼无有"。相反,如果统治者过度作为,就适得其反,"天下多忌讳,而民弥贫;人多利器,国家滋昏;人多伎巧,奇物滋起;法令滋彰,盗贼多有"。为了达到这一目的,老子认为统治者应当"清静无为""少私寡欲""见素抱朴",克制自己的贪欲,不过分压榨民众、宰割百姓。庄子在无为而治的基础上,更进一步,主张绝对的"无为",反对一切制度和文化,认为只有彻底绝圣弃智,才能做到天下大治。与儒家相反,他认为"圣人"是国家混乱的祸首——"圣人生而大盗起。掊击圣人,纵舍盗贼,而天下始治矣……圣人已死,则大盗不起,天下平而无故矣。圣人不死,大盗不止。"

从无为而治的思想出发,老子和庄子反对礼治和法治,对儒家和法家的法律思想都不以为然。庄子说:"赏罚利害,五刑之辟,教之末也;礼法度数,形名比详,治之末也。"他们认为,儒家提倡的忠孝仁义是违反天道的,根本起不到拯救人心、挽救社会的作用,反而会导致人心败坏和社会混乱;他们也否定法家推崇的严刑峻法,认为统治者过分依赖严刑峻法是毫无作用的,"民不畏威,则大威至",颁行的法令太多,法网严密,犯法者只会更多——"法令滋彰,盗贼多有"。

道家轻视、否定法律作用的思想是由道家追求的社会理想决定的,老子和庄子生活在春秋战国的战乱时代,对当时混

乱、凶险的政局感到深深的失望，退而隐居，他们主张无为而治，正是表达了对安定生活的向往，表达了对统治者暴力压迫的不满和抗议。在当时的社会条件下，这种反抗是有其积极意义的，但他们轻视法律、否定法律的作用，易导致法律虚无主义产生，对后世造成消极影响。

下面这个故事发生在美国。

一个18岁的少年走在回家路上，正值午后，阳光明媚。然而，这个少年却偶遇了一位警察，警察不知出于什么原因，向少年盘问了几句。随后，二人发生了冲突，警察向少年连发数枪，少年倒地而亡。民众都觉得这个18岁少年死得实在冤枉，于是人们举行了一连串的抗议活动，要求严惩涉事警察，抗议很快升级为骚乱。当地政府为避免局势进一步失控，宣布该地区进入紧急状态并发布了宵禁令，甚至出动国民警卫队来维持治安。然而，事情并未就此平息，而是在接下来的三个多月里持续升温，要求起诉涉事警察的呼声越来越高。然而，当局最终却对涉事警察作出了不起诉决定。就在决定公布的当天，群情激奋，全国多个地方再度爆发了大规模骚乱，并最终导致机场停飞，总统亲自出面发表讲话平息此事。

故事中那个18岁的少年名叫布朗，是个黑人，事件发生的具体地点是密苏里州的弗格森镇，这个故事其实就是震惊世界的"弗格森案"。此案发生后，案件涉及的几乎所有细节都在美国各大媒体上向民众反复播放，法庭上也展开了激烈的辩论，

第三章 道法自然

社会上针对此案的每一种声音都得到了充分聆听，然而仍然有很多民众，尤其是黑人，对案件的最终处置结果十分不满。

"弗格森案"的发生让我们清醒地意识到，法制无论怎样发展、怎样优化，仍然会在某些特定的情况下无能为力。法律并不具有在任何情况下都能弥合分歧、抚平争议、解决纠纷的能力。换言之，法律并不能实现每个人在每时每刻的正义，这是由法律内在的局限性所决定的。法律并非在真空中运转，政治、文化、社会、经济、风俗、习惯等因素都可能会对法律的运转产生影响甚至干扰。法律或许可以在一定时空范围内调整人与人、人与社会之间的关系，但却永远无法从根本上触及人的精神世界，也无法从根本上消除个人或族群固有的不平等。

然而，法律内在的局限性并不应该成为我们质疑甚至反对法律的理由。整个法律制度在维护社会稳定性上的作用还是毋庸置疑的。因为所有人都承认，尽管针对"弗格森案"而言，法律对个体的处理结果是失当的，但是这并不意味着作为一个整体的法律制度的失当，因此不能用行政决断或是其他暴力办法来取代法律手段。在一个法制健全的国家，民众普遍持有这样一种信念：不能只在法律保护你的利益时支持它，而在法律给你带来麻烦时就反对它。

法学家朗富勒曾经讲过，在一个完美的世界里，狮子温顺地躺在天使脚下，所有社会成员都是明智的，物质资源充沛丰富，一切都是和谐平顺的，在这样的世界里，法制显然是多余的。然而，人类社会的发展与演进史告诉我们，这样的世界只存在于意念中。正因为没有任何一个社会是完全平等和正义的，法律作为平等与正义的代名词才成为值得追求的对象；又

077

因为法律无法在根本上杜绝不平等和非正义,所以仅仅追求法律是不够的。

文化感悟

1. 结合时代背景谈谈道家法治思想产生的合理性。
2. 从当今社会举一例,谈谈你对法治局限性的认识。
3. 道家法治思想中的"无为"在今天还有价值吗?

第四章　君国重器

一 大司寇之职

【原文选读】

　　大司寇之职，掌建①邦之三典，以佐王刑邦国，诘②四方。一曰，刑新国用轻典；二曰，刑平国③用中典④；三曰，刑乱国⑤用重典。

　　以五刑纠⑥万民：一曰野刑，上功⑦纠力⑧；二曰军刑，上命纠守；三曰乡刑，上德纠孝；四曰官刑，上能纠职；五曰国刑，上愿纠暴⑨。

　　以圆土聚教罢民⑩，凡害人者⑪，置之圆土而施职事焉，以明刑⑫耻之。其能改过，反于中国⑬，不齿三年。其不能改而出圆土者，杀。以两造⑭禁民讼⑮，入束矢于朝，然后听之，以两剂⑯禁民狱，入钧金⑰，三日乃致于朝，然后听之。

　　以嘉石⑱平罢民。凡万民之有罪过而未丽于法⑲而害于州里者,桎梏而坐诸嘉石,役诸司空。重罪,旬有三日坐,期役;其次,九日坐,九月役;其次,七日坐,七月役;其次,五日坐,五月役;其下罪,三日坐,三月役。使州里任之⑳,则宥而舍之。

以肺石达穷民㉑,凡远近茕独㉒老幼之欲有复于上,而其长弗达者,立于肺石三日,士听其辞,以告于上,而罪其长。

正月之吉,始和,布刑于邦国、都鄙乃县刑象之法于象魏,使万民观刑象,挟日而敛之。凡邦之大盟约,莅其盟书,而登之于天府㉓,大史、内史、司会及六官㉔,皆受其贰而藏之。凡诸侯之狱讼,以邦典定之。凡卿大夫之狱讼,以邦法断之。凡庶民之狱讼,以邦成弊之。

(选自《周礼·秋官司寇·大司寇》)

注释:

①建:建立和颁行。

②诘:禁止。

③平国:立国日久,平安无事之国。

④中典:常法。

⑤乱国:发生篡弑叛逆之国。

⑥纠:督察。

⑦功:农功。

⑧力:勤力。

⑨暴:郑玄注曰,"暴,当为恭字之误也"。

⑩罢(pí)民:游手好闲,不服教化之民。

⑪害人者:已触犯刑律但属过失犯法的人。

⑫明刑:书其罪恶于大方板上,令罪犯背负示众。

⑬中国:这里指故里。

⑭两造:即诉讼双方都到场。造,至。

第四章 君国重器

⑮讼：对下文"狱"，因小事而诉讼。小为讼，大为狱。

⑯剂：狱辞。

⑰入钧金：交三十斤铜。钧，一钧为三十斤。金，指铜。

⑱嘉石：文石（有纹理的石头），置于外朝门左。

⑲未丽于法：没有触犯刑法。丽，附。

⑳使州里任之：使州里之人担保其不再犯罪。

㉑以肺石达穷民：使穷民之冤辞通达于上。肺石，赤石，民有不平可击石鸣冤。达，通。

㉒茕（qióng）独：茕，无兄弟。独，无子孙。

㉓天府：周官名，掌管祖庙之守藏。

㉔六官：六卿之官，即天官冢宰、地官司徒、春官宗伯、夏官司马、秋官司寇、冬官司空。

【文意疏通】

大司寇的职责，负责建立和颁行治理天下的三法，以辅佐王惩罚违法的诸侯国，禁止四方各国的叛逆。一是治理新建立之国用轻法，二是治理承平日久的邦国用中法，三是治理乱国用重法。

用五种刑法纠察民众：一是针对野地之民的刑法，以鼓励务农而纠察是否勤劳；二是针对军队的刑法，以鼓励服从军令而纠察是否有离队的；三是针对六乡之民的刑法，以鼓励德行而纠察是否有不孝的；四是针对官府的刑法，以鼓励贤能而纠察是否失职；五是针对国都之民的刑法，以鼓励谨慎而纠察是否恭敬。

用狱城聚教那些游手好闲的不良之民。凡危害人的，把他关入狱城而罚做工，写明他的罪行让他背在背上以羞辱他。那些能改过的，就释放回故里，但三年不得按年龄大小与一般乡民排列尊卑位次。那些不能改过而逃出狱城的，处死。用使诉讼双方都到场的办法来防禁诉讼不实。先交一束矢给朝廷，然后受理诉讼。通过诉讼双方都携带有关文字证明材料的办法来防止人们对于大案的诉讼有不实。先交三十斤铜，过三天才让诉讼双方来朝，然后受理诉讼。

用嘉石来使不良之民改过向善。凡民众有罪过而尚未犯法，但已经危害乡里的，就给他们戴上手铐脚镣予以惩罚，让他们坐在嘉石上，然后交给司空罚服劳役。罪重的罚坐嘉石十三天，服役一年；其次罚坐九天，服役九个月；又其次罚坐七天，服役七个月；又其次罚坐五天，服役五个月；又轻一等的罪罚坐三天，服役三个月。罚毕，由同州里的人担保他不再犯，就宽宥释放他。

用肺石使穷苦无依之民的冤辞能够上达。凡远近孤独无靠或年老、幼弱之民想要向上申诉冤屈，而他们的长官不予转达的，就到肺石上站三天，然后由朝士听他诉说冤屈，以报告朝廷，而惩罚他们的长官。

正月初一，开始向各诸侯国和王畿内的采邑宣布刑法，把形成文字的刑法悬挂在悬示教令的地方，让万民观看刑法，过十天后收藏起来。凡王与诸侯因会同而订立盟约，就亲临现场监视盟约的书写，然后上交天府而藏于祖庙，大史、内史、司会及六卿，都接受盟约的副本加以收藏。凡诸侯之间的诉讼，用王国的六典来审定。凡卿大夫之间的诉讼，用王国的八法来评断。凡庶民之间的诉讼，用王国的八成来判断。

【义理揭示】

法律条文的拟定，本乎人情之常和国家安定，《周礼》中的

第四章 君国重器

"法"本质上也是"礼"的一种,它的设立是为了确保社会秩序和国家利益的安定,同时也兼顾了情节轻重和公平正义。

二 司刑掌五刑之法,以丽万民之罪

【原文选读】

司刑掌五刑之法,以丽万民之罪:墨罪五百,劓①罪五百,宫罪五百,刖②罪五百,杀罪五百。若司寇断狱弊讼,则以五刑之法诏刑罚,而以辨罪之轻重。

(选自《周礼·秋官司寇·司刑》)

注释:

①劓(yì):割掉鼻子的刑罚。
②刖(yuè):古代的一种酷刑,把脚砍掉。

【文意疏通】

司刑掌管五刑之法,以施加于犯罪的民众:判墨刑的罪有五百条,判劓刑的罪有五百条,判宫刑的罪有五百条,判刖刑的罪有五百条,判杀刑的罪有五百条。如果大司寇审理诉讼,就依据五刑之法辨别罪行的轻重,然后实施合适的刑罚。

【义理揭示】

有法必有刑,刑与罪等,惩戒罪犯,这是人类设立刑罚的初衷。依罪定刑,这也是法律公正精神的体现。

三 正法直度

【原文选读】

　　正法直度,罪杀不赦①。杀僇必信,民畏而惧。武威既明,令不再行②,顿卒怠倦以辱之③,罚罪宥过④以惩之,杀僇犯禁以振⑤之。植固不动,倚邪乃恐。倚革邪化,令往民移。法天合德,象地无亲。参于日月,佐于四时。(四)悦⑥在爱施,有众在废私。召远在修近,闭祸在除怨。修长在乎任贤,高安在乎同利。

(选自《管子·版法第七》)

注释:

①正法直度,罪杀不赦:法度正直,杀掉有罪者,不宽赦。
②令不再行:法令不必一再明示。
③顿卒(cuì)怠倦以辱之:训斥怠惰的人使之感到羞辱。
④罚罪宥过:处罚有罪的人。
⑤振:通"震",威慑。
⑥(四)悦:悦君、悦朋友、悦兄弟、悦父子。

【文意疏通】

　　法律公正,制度明确;杀有罪之人,绝不宽赦。执行杀戮一定说到做到,民众就会畏惧。权威明示于众,法令就不必一再重申。对怠惰的人,要通过训斥予以羞辱;对有过的人,要通过处罚予以惩戒;对犯罪的人,要通过杀戮予以震慑。君主

第四章　君国重器

执法之心坚定而不动摇，行为乖异的人们就自然恐惧。乖异罪恶的行为都有了改正，法令颁布下去，民众就跟着行动了。君主应该效法天，对万物全体施德；模仿地，对万物没有私心。要做到与日月同级，与四时并列。使众人喜悦决定于爱施俱行，得民众拥护决定于破除私心。要招徕远方的人们，决定于修好国内；要避免祸乱的发生，决定于消除人怨。准备长远大计，在于举贤任能；巩固尊高地位，在于与民同利。

【义理揭示】

法律的公正除了体现在按罪量刑上，也体现在执法无私上。执法者必须做到爱施俱行、破除私心、修好国内、消除人怨、举贤任能、与民同利。

四　君国之重器，莫重于令

【原文选读】

凡君国①之重器，莫重于令。令重则君尊，君尊则国安；令轻则君卑，君卑则国危。故安国在乎尊君，尊君在乎行令，行令在乎严罚。罚严令行，则百吏皆恐；罚不严，令不行，则百吏皆喜②。故明君察于治民之本，本莫要于令。故曰：亏令③者死，益令④者死，不行令者死，留令⑤者死，不从令者死。五者死而无赦，唯令是视。故曰：令重而下恐。

(选自《管子·重令第十五》)

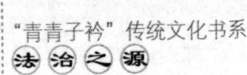

注释：

①君国：统治国家。

②喜：同"嬉"，嬉闹，散漫。

③亏令：删减法令。

④益令：随意添加法令。

⑤留令：扣压法令而不执行。

【文意疏通】

凡属统治国家的重要手段，没有比法令更重要的。法令威重则君主尊严，君主尊严则国家安定；法令没有力量则君主低贱，君主低贱则国家危险。所以，安国在于尊君，尊君在于行令，行令在于严明刑罚。刑罚严厉、法令施行，则百官畏法尽职；刑罚不严、法令不行，则百官玩忽职守。因此，英明的君主觉察治民的根本，没有比法令更要紧的。所以说：删减法令者，处死；增添法令者，处死；不执行法令者，处死；扣压法令者，处死；不服从法令者，处死。这五种情况都应是死罪无赦，一切都只看法令行事。所以说：法令有权威，所有人就都畏惧了。

【义理揭示】

管子强调法令的绝对权威，认为只有刑罚严、法令行，君主才有尊严和威望，国家才能安定，所以对那些敢于挑战法令权威性的人，一律严惩。

五 以法治国

【原文选读】

所谓治国者,主道明①也;所谓乱国者,臣术胜也。夫尊君卑臣,非计亲也,以势②胜也;百官识③,非惠也,刑罚必也。故君臣共道④则乱,专授则失。夫国有四亡:令求不出谓之灭,出而道留谓之拥⑤,下情求不上通谓之塞⑥,下情上而道止谓之侵⑦。故夫灭、侵、塞、拥之所生,从法之不立也。是故先王之治国也,不淫意⑧于法之外,不为惠于法之内也。动无非法⑨者,所以禁过而外私⑩也。威不两错,政不二门。以法治国则举错而已。是故有法度之制者,不可巧以诈伪;有权衡之称者,不可欺以轻重;有寻丈之数者,不可差以长短。今主释法以誉⑪进能,则臣离上而下比周矣;以党举官,则民务交而不求用矣。

(选自《管子·明法第四十六》)

注释:

①主道明:君道强盛。明,盛。

②势:权势。

③识:各尽其职。

④共道:指君道和臣道混杂在一起。

⑤拥:通"雍",雍蔽。

⑥塞:闭塞。

⑦侵:侵夺。

⑧淫意:浪费心机。

⑨动无非法:行动不违反法制。

⑩禁过而外私：杜绝过错，剪除私心。外，疏远，引申为放弃、抛弃。
⑪誉：名誉，这里指虚名。

【文意疏通】

　　所谓治理得好的国家，是因为君道英明；所谓混乱的国家，是因为臣下的"私术"太盛。君尊臣卑，不是由于臣对君的亲爱，而是君主通过权势压服的；百官尽职，不是由于君对臣的恩惠，而是刑罚坚决的结果。所以，君道与臣道混淆不分，国家就要混乱；把国权专授予人，君主就会丢掉国家。国家有四种危亡的表现：法令一开始就发不出去，叫作"灭"；发出去而在中途停留，叫作"拥"；下情一开始就不能上达，叫作"塞"；下情可以上达而中途停止，叫作"侵"。灭、拥、塞、侵现象的产生，都是由于法度没有确立造成的。所以先王治国不在法度外浪费心机，也不在法度内私行小惠。任何行动都不违反法度，就正是为了禁止过错而排除私心。君权不能由两家占有，政令不能由两家制定。以法治国不过是一切都按法度来处理而已。因此，有了法度的裁断，人们就不能通过伪诈来取巧；有了权衡的称量，人们就不能利用轻重搞欺骗；有了寻丈的计算，人们就不能利用长短搞差错。君主若放弃法度，按照虚名用人，群臣就背离君主而结党营私；君主若听信朋党任官，人民就专务结交而不求工作实效。

【义理揭示】

　　管子认为，君主掌握最高的立法权和执法权，其权力至高无上，不可分割；法令一旦制定颁布，人人都必须服从。"君本位"是管子法治思想的基本特点，也是整个法家学派法治思想的基本特点。

第四章 君国重器

六 法度者,所以制天下而禁奸邪也

【原文选读】

人主之治国也,莫不有法令赏罚。具故其法令明而赏罚之所立者当,则主尊显而奸不生;其法令逆而赏罚之所立者不当,则群臣立私而壅塞之,朋党①而劫杀之。故《明法》曰:"灭、塞、侵、壅之所生,从法之不立也。"

法度者,主之所以制天下而禁奸邪也,所以牧②领海内而奉宗庙也。私意者,所以生乱长奸而害公正也,所以壅蔽失正而危亡也。故法度行则国治,私意行则国乱。明主虽心之所爱而无功者不赏也,虽心之所憎而无罪者弗罚也。案③法式而验得失,非法度不留意焉。故《明法》曰:"先王之治国也,不淫意于法之外。"

(选自《管子·明法解第六十七》)

注释:

①朋党:私党。
②牧:管束,教养。
③案:依据。

【文意疏通】

人君治国,没有不具备法令和赏罚的。所以,法令明确而赏罚规定得当,君主就尊显而不出奸臣;法令错误而赏罚规定不当,群臣就一方面行私而蔽塞君主,另一方面结党而劫杀君主。所以,《明法》篇说:"灭、塞、侵、壅这类情况的发生,是由于法制没有确立。"

法度,是君主用来控制天下从而禁止奸邪的,是用来统治海内而供奉宗庙的。私意,是可以产生祸乱、滋长奸邪而危害公正原则的,是可以蒙蔽君主、丧失正道而导致危亡的。法度推行则国治,私意推行则国乱。英明的君主,即使是对自己喜欢的人,无功也不赏;即使是对自己憎恶的人,无罪也不罚。按照法度规程来检验得失,不合法度的事是不考虑的。所以,《明法》篇说:"先王治理国家,在法度之外不多考虑。"

【义理揭示】

管子把法看作是评判人们的是非、处理各种民间纠纷,奖善惩恶、治国安民的一种准则,这种准则应当是客观的、公正的、人人必须遵守的。因此,君主应善用法度,杜绝"私意"。

七 刑者,所以禁邪也

【原文选读】

夫刑者,所以禁邪也;而赏者,所以助禁也。羞辱劳苦者,民之所恶也;显荣佚乐者,民之所务也。故其国刑不可恶而爵禄不足务[①]也,此亡国之兆也。刑人复漏,则小人辟淫而不苦刑,则侥幸于民上。侥于民上以利求,显荣之门不一,则君子事势以成名。小人不避其禁,故刑烦。君子不设其令,则罚行。刑烦而罚行者,国多奸,则富者不能守其财,而贫者不能事其业，田荒而国贫。田荒则民诈生，国贫则上匮②赏。故圣人之为治也，刑人无国位③，戮人无官任④。刑人有列⑤，则君子下其位⑥；衣锦食肉，则小人冀⑦其利。君子下其位则羞功，小人冀其利则伐⑧奸。故刑戮者，所以止奸也；而官爵者，所以劝功也。今国立爵而民羞之，设刑而民乐之，此盖法术之患也。故君子操权，一正⑨以立术，立官贵爵以称⑩之，论荣举功以任之，则是上下之称平。上下之称平，则臣得尽其力，而主得专其柄。

（选自《商君书·算地第六》）

注释：

①务：致力，从事。

②匮：缺乏。

③国位：爵位。

④官任：当官的权利。

⑤列：可以列于官位。

⑥下其位：轻视其禄位。

⑦冀：希望。

⑧伐：夸耀。

⑨正：假借为"政"。

⑩称：官爵与功绩相当。

【文意疏通】

刑罚是禁止奸邪的工具。赏赐是辅助刑罚的工具。羞耻、侮辱、疲劳、痛苦是人民憎恶的对象。显贵、光荣、安逸、快乐是人民追求的对象。如果国家的刑罚不是令人害怕的东西，官爵、俸禄不是值得追求的东西，这就是亡国的预兆了。如果

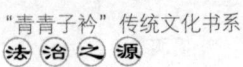

该受刑罚的人隐藏漏网，那么百姓就邪僻游荡不以刑罚为苦，对于君主存着侥幸的心理，而去追求私利，如果追求显贵、光荣不出于一种门路，那么官吏就要依附权势、巧取名誉。百姓不怕犯法，刑罚就要频繁；官吏不执行法令，刑罚就要错乱。刑罚频繁而又错乱，国家的奸邪小人就会多起来。这样，富人就不能保有他们的财产，穷人就不能安心从事他们的职业，土地就因而荒废，国家就因而贫穷。土地荒废，人民就要欺诈。国家贫穷，国君就缺少财物进行赏赐。所以圣人治国，受过刑的人在社会上没有官位，犯过罪的人在朝廷上没有官做。如果受过刑的人还有官位，官吏就会看不起自己的地位。如果犯过罪的人还穿着锦衣，吃着肉，百姓就会贪图非分的利益。官吏看不起自己的职位，就会以自己忠于职责为耻。百姓贪图非分的利益，就会夸示自己的奸巧。本来，刑罚是禁止人们作奸的工具，官爵是鼓励人们立功的工具。现在国家设置官爵，而人们认为为官可耻；制定刑罚，而人们认为违法光荣，这就是法度和管理方法上有错误了。因此，国君必须掌握大权，统一政策来制定管理办法。设置官吏授予爵位，要轻重相当。任用群臣要凭借功绩，根据功勋。这样，衡量上级下级的秤就会平衡了。衡量上级下级的秤平衡了，臣民就能为职责用尽他们的力量，国君也就能掌握自己的权力了。

【义理揭示】

商鞅十分看重刑罚的威力，认为要杜绝奸邪，制止犯罪，必须要加强执法的力度，使人人畏惧法令。同时，他也注重刑赏结合，赏罚分明。

第四章 君国重器

八 治国刑多而赏少

【原文选读】

治国，刑多而赏少，故王者刑九而赏一，削国赏九而刑一。夫过有厚薄，则刑有轻重；善有大小，则赏有多少。此二者，世之常用也。刑加于罪所终①，则奸不去；赏施于民所义，则过不止。刑不能去奸而赏不能止过者，必乱。故王者刑用于将过②，则大邪不生；赏施于告奸，则细过不失。治民能使大邪不生、细过不失，则国治，国治必强。一国行之，境内独治；二国行之，兵则少寝③；天下行之，至德复立。此吾以杀刑之反④于德，而义合于暴也。

（选自《商君书·开塞第七》）

注释：

①刑加于罪所终：刑罚加在人民已经犯了罪的时候。终，完结。
②将过：过错将要发生而尚未发生。
③寝：息，止。
④反：假借为"返"，回，归。

【文意疏通】

政治修明的国家，刑罚多而赏赐少。政治混乱的国家，赏赐多而刑罚少。所以成就王业的国家，刑罚有九分，赏赐有一分。实力弱小的国家，赏赐有九分，刑罚有一分。人的罪过有大有小，所以朝廷的刑罚有重有轻；人的善行有大有小，所以朝廷的赏赐有多有少。这两项是世人常用的法则。但是刑罚在人民犯了罪之后使用，奸邪的事就不会断绝。赏赐用在人民所认为的"义"上面，那么犯罪的事就不能停止。刑罚不能除去奸邪，赏赐不能遏止罪过，国家必乱。因此，成就王业的国君，把刑罚用在人民将要犯罪的时候，所以大的奸邪才不产生；把赏赐用在告发犯罪方面，所以小的罪过也不致漏网。治理人民能够使大的奸邪不产生，使小的罪过不漏网，国家就治理好了。国家得到了好的治理，就必定强盛。一个国家这样做，这个国家就可以独立自强。两个国家这样做，战争就可以稍微停止。天下都这样做，最高的道德就会重新建立起来。所以我认为杀戮、刑罚能够归于道德，而"义"反倒合于残暴。

【义理揭示】

商鞅迷信暴力的作用和刑罚的威慑力，主张治理国家应当刑多赏少，甚至主张惩罚未遂犯和只有犯罪意识的人，奖赏告发者，把犯罪消灭在萌芽状态。从他的逻辑出发，杀戮和刑罚成了最大的"道德"，而仁义反倒成了罪恶。

九　国之所以治者三

【原文选读】

　　国之所以治者三：一曰法，二曰信，三曰权。法者，君臣之所共操①也；信者，君臣之所共立也；权者，君之所独制②也。人主失守则危，君臣释③法任私必乱。故立法明分而不以私

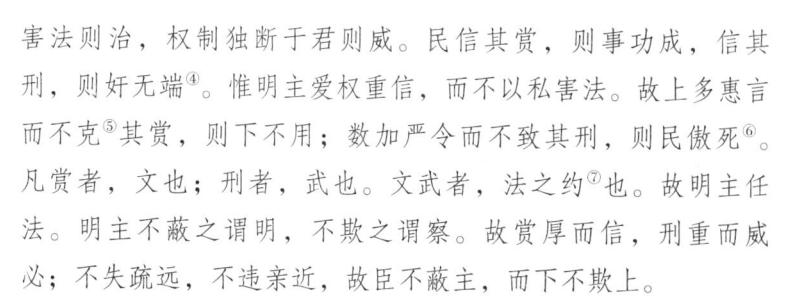

害法则治，权制独断于君则威。民信其赏，则事功成，信其刑，则奸无端④。惟明主爱权重信，而不以私害法。故上多惠言而不克⑤其赏，则下不用；数加严令而不致其刑，则民傲死⑥。凡赏者，文也；刑者，武也。文武者，法之约⑦也。故明主任法。明主不蔽之谓明，不欺之谓察。故赏厚而信，刑重而威必；不失疏远，不违亲近，故臣不蔽主，而下不欺上。

（选自《商君书·修权第十四》）

注释：

①操：持，引申为掌握、控制。

②独制：个人控制。

③释：放下，放弃。

④无端：无从产生。端，事情的开头。

⑤克：约定或限定。

⑥傲死：倨傲而不畏惧死亡。

⑦约：纲要。

【文意疏通】

国家之所以能够得到治理，主要原因有三点：第一是法律，第二是信誉，第三是权力。法律，是国君与臣子共同掌握的。信誉，是国君与臣子共同建立的。权力，则是由国君独自掌握的。国君失去了对权力的掌控，国家就会面临危机。君臣抛弃法度只顾私利，国家必然混乱。所以确立法度明确公私的界线，并且不因为私利而损害法度，国家就会安定。君主独掌权力控制民众就树立了威信。民众相信君主的赏赐，功业就会建立，民众相信君主的惩罚，犯罪就不会发生。只有贤明的君主才珍惜权力看重信用，不会因为私利而损害法度。所以君主许下很多施予恩惠的空话而不能实现，臣下就不会愿意效力；屡次颁布严厉的法令而从不执行，民众就会倨傲而不畏死。所有的奖赏都是文治；所有的惩罚都是武治，赏罚是法度的纲要。所以贤明的君主是看重法制的。君主不被蒙蔽叫贤明，不被欺骗叫明察。所以重赏之下树立了信用，而重罚之下树立了威严。重赏不忘关系疏远的人，重罚不回避关系亲近的人，这样臣子就不会蒙蔽君主，百姓就不会欺骗统治者。

【义理揭示】

商鞅特别注重立法、执法的公开性和权威性，认为法律一旦制定公布，就必须严格执行，决不能徇私废法，因此国君要充分认识到法律、信誉和权力的重要性，加强掌控。

十 法者，国之权衡也

【原文选读】

世之为治者，多释①法而任私议，此国之所以乱也。先王县②权衡，立尺寸，而至今法之，其分明也。夫释权衡而断轻重，废尺寸而意长短，虽察③，商贾不用，为其不必④也。故法者，国之权衡也。夫倍⑤法度而任私议，皆不知类⑥者也。不以法论知、能、贤、不肖者惟尧，而世不尽为尧。是故先王知自议誉私⑦之不可任也，故立法明分，中程⑧者赏之，毁公者诛之。赏诛之法，不失其议，故民不争。授官予爵，不以其劳，则忠臣

不进。行赏赋禄,不称其功,则战士不用。

凡人臣之事君也,多以主所好事君。君好法,则臣以法事君;君好言,则臣以言事君。君好法,则端直之士在前;君好言,则毁誉之臣在侧。

(选自《商君书·修权第十四》)

注释:

①释:放弃,抛弃。

②县:同"悬"。

③察:清楚,明白。

④不必:不能必无差错。

⑤倍:通"背",违背。

⑥类:事理。

⑦自议誉私:自议,不依法而议。誉私,称誉自己。

⑧中(zhòng)程:合于法度。

【文意疏通】

世上的统治者大多数都抛弃了法度而任由私人意见来统治国家,这是国家为什么混乱的原因。先王制定秤砣和秤杆,确立尺寸的标准,这一标准沿用至今,是因为制定的各种量制的标准明确。如果抛弃了权衡而判断轻重,废除尺寸而估计长短,即使估计得很准,商人也不会用这种办法,因为这样的结果不是完全肯定的。法度也是治国的权衡。违背法度而靠个人意见,是不知事理的。不用法度就可断定人是智慧还是愚笨、贤明还是无能的就只有尧了,但世上不是人人都是尧。所以先王知道不可以任用私议和称誉自己的人来治理国家,必须规定法律明确标准，对符合法度的人就要奖励，对危害国家的人就要惩罚。赏罚的法度不失标准，民众就不会有争议。如果不按功劳来授予官爵，忠臣就不会尽力办事；不按军功行赏赋禄，战士就不会尽力作战。

大臣侍奉君主，多数投君主所好。君主好法度大臣就以法律奉君，君主爱听好话大臣就以谗言奉君。君主好法度身边就会聚集正直之士，君主好谗言身边就都是奸臣。

【义理揭示】

商鞅认为，法度是治国的"权衡"、准则，既然不是尧那样的圣君，君主要治理好国家，就必须制定出明确的法律标准，奖惩皆依照法度，决不能由私意出发，任意妄为。

十一 刑无等级

【原文选读】

所谓壹刑者，刑无等级。自卿相、将军以至大夫、庶人，有不从王令、犯国禁、乱上制者，罪死不赦。有功于前，有败于后，不为损刑；有善于前，有过于后，不为亏法。忠臣孝子有过，必以其数断。守法守职之吏有不行王法者，罪死不赦，刑及三族①。同官之人，知而讦②之上者，自免于罪，无贵贱，尸袭③其官长之官爵田禄。故曰：重刑连其罪，则民不敢试。民不敢试，故无刑也。夫先王之禁，刺杀、断人之足、黥④人之面，非求伤民也，以禁奸止过也。故禁奸止过，莫若重刑。刑重而必得，则民不敢试，故国无刑民。国无刑民，故曰明刑不戮。

晋文公⑤将欲明刑以亲百姓，于是合诸卿大夫于侍千宫，颠颉⑥后至，吏请其罪，君曰："用事焉⑦。"吏遂断颠颉之脊以殉⑧。晋国之士稽焉皆惧⑨，曰："颠颉之有宠也，断以殉，况于我乎！"举兵伐曹、五鹿⑩，及反郑之埤⑪，东卫之亩⑫，胜荆人于城濮⑬。三军之士止之如斩足，行之如流水，三军之士无敢犯禁者。故一假⑭道重轻于颠颉之脊而晋国治。

（选自《商君书·赏刑第十七》）

注释：

①三族：父母、兄弟、妻子。

②讦（jié）：揭发。

③尸袭：代袭。以古代祭祀时立尸以代表死者受祭祀作比喻。

④黥：脸上刺字的刑罚。

⑤晋文公：名重耳，春秋时晋国国君。

⑥颠颉（jié）：春秋时晋国大夫，曾从晋文公出奔十九年。

⑦用事焉：命令语，即按法令来办。

⑧殉：通"徇"，示众。

⑨稽焉皆惧：私下议论此事，人人都心存畏惧。

⑩五鹿：卫国地名。

⑪反郑之埤（pí）：推倒郑国城上的矮墙。反，毁坏，推倒。埤，同"陴"，城上有孔的矮墙。

⑫东卫之亩：把卫国的田间垄埂都改为东西向的，以便于晋国的战车向东方进军。

⑬胜荆人于城濮（pú）：在城濮战胜了楚人。荆人，楚人。城濮，卫国地名，晋楚两国有城濮之战。

⑭假：借。

【文意疏通】

　　所说的统一刑罚是指使用刑罚没有等级差别。从卿相、将军，一直到大夫和平民百姓，有不听从君主命令的、违反国家法令的、破坏君主制定的法律的，可以处以死罪，绝不赦免。从前立过战功的人，后来触犯刑法，也不因此而减轻刑罚。从前做过好事的人，后来又犯错误，也不因此而破坏法令。就是那些忠臣、孝子犯了罪也一定根据他们罪过的大小来定罪。执行法令的官吏、担任现职的官吏有不实行君主法令的，犯了死罪，绝不赦免，而且刑罚株及他们的父母、兄弟、妻子。同一官司署任职的人，知道同僚的罪过，并能向君主揭发检举他们罪行的人，自己不仅能免受刑罚，而且不分富贵贫穷，都能继承被揭发官吏的官爵、土地和俸禄。所以说：加重刑罚，株连他们的父母、兄弟、妻子，那么民众就不敢以身试法，也就等于没有刑罚了。古代帝王制定的法令，有将人处死的，有砍断犯人的脚的，有在犯人脸上刺字再涂上墨的，这不是追求伤害民众，而是要用来禁止奸邪、阻止犯罪。因此禁止奸邪、阻止犯罪，没有什么办法能比得上使用重刑。刑罚重并且执行坚决，民众就不敢以身试法，国家就等于没有受刑罚处治的民众。国家没有受刑罚处治的民众，因此说严明的刑罚不是为了杀人。

　　晋文公想要严明刑罚使百姓亲近服从他，于是召集所有的卿相、大夫到侍千宫。颠颉来晚了，执法官请示晋文公定他的罪，晋文公说："按照法令办吧。"执法官于是腰斩颠颉示众。晋国的将士、民众议论起这件事都很惧怕，相互说："颠颉是国

第四章 君国重器

君宠爱的大臣,触犯了刑律都腰斩来示众,何况我们呢!"后来,晋文公发兵进攻曹国及卫国的五鹿,又击毁了郑国的城墙,把卫国的田垄一律改为东西方向,来方便自己国家的兵车通过。在城濮战胜了楚人。晋国的三军将士,如下令停止前进,众人就像被断去下肢一样不再走动;命令他们进攻,他们就像流水一样迅速。三军将士没有谁敢于违反军令。因此晋文公借用颠颉犯轻罪而处以重刑腰斩的办法,使晋国得到了治理。

【意理揭示】

  商鞅的刑法思想中,颇引人注目的一项是他的"刑无等级"思想,无论何种身份等级的人,犯了罪都要受到法律的惩处(注:在商鞅的"无等级"中,不包含君主,因此它与现代所说的"法律面前人人平等"并非一回事)。此外,商鞅还提出重刑的主张,最终目的是为了达到少用刑罚或不用刑罚就能震慑罪犯,治国强国。

十二 明主慎法制

【原文选读】

  故明主慎法制。言不中①法者,不听也;行不中法者,不高②也;事不中法者,不为也。言中法,则辩③之;行中法,则高之;事中法,则为之。故国治而地广,兵强而主尊,此治之至也。人君者不可不察也。

(选自《商君书·君臣第二十三》)

注释：

①中：符合。

②不高：不推崇。

③辩：言辞动听。

【文意疏通】

所以，明主重视法度。不合法度的言论不听，不合法度的行为不推崇，不合法度的事情不做。言论合乎法度，就听从；行为合乎法度，就推崇；事情合乎法度，就施行。所以国家政治清明，国土广阔，兵力强大，国君地位尊贵。这就是政治清明的最高境界。做国君的不能不加以明察呀！

【义理揭示】

在商鞅的法治思想中，君主是超越法律之外的，"法"只是君主治国的利器。但正因为法对国家如此重要，君主也要十分重视，严格遵循法度规范自己的言行举动。

十三 法令者，民之命治之本也

【原文选读】

法令者，民之命也，为治之本也，所以备①民也。为治而去法令，犹欲无饥而去食也，欲无寒而去衣也，欲东而西行也，其不几②亦明矣。一兔走，百人逐之，非以兔为可分以为百，由名分之未定也。夫卖兔者满市，而盗不敢取，由名分已定也。

故名分未定，尧、舜、禹、汤且皆如骛③焉而逐之；名分已定，贪盗不取。今法令不明，其名不定，天下之人得议之。其议，人异而无定。人主为法于上，下民议之于下，是法令不定，以下为上也。此所谓名分之不定也。夫名分不定，尧、舜犹将皆折而奸之④，而况众人乎？此令奸恶大起、人主夺威势、亡国灭社稷之道也。今先圣人为书而传之后世，必师受之，乃知所谓之名；不师受之，而人以其心意议之，至死不能知其名与其意。故圣人必为法令，置官也，置吏也，为天下师，所以定名分也。名分定，则大诈贞信⑤，民皆愿⑥悫，而各自治也。故夫名分定，势治之道也；名分不定，势乱之道也。故势治者不可乱，势乱者不可治。夫势乱而治之，愈乱；势治而治之，则治。故圣王治治，不治乱。

（选自《商君书·定分第二十六》）

注释：

①备：保护。

②不几：没有希望，不可希求。几，通"冀"。

③骛（wù）：马奔驰，形容十分迅速。

④尧、舜犹将皆折而奸之：即使像尧、舜那样的人，都要歪曲法律而做坏事情。折，曲解。

⑤大诈贞信：很奸诈的人也会变为忠实的人。

⑥愿：老实，忠厚。

【文意疏通】

法令就是人民的生命，治国的根本，是用来保护人民的。为治国而抛弃法令，好比希望不挨饿而抛弃粮食，希望不受冻而抛弃衣服,希望到东方而向西走一样,其结果相去甚远是很明显的。一只兔子跑了,一百个人蜂拥而上地追赶,并不是因为捉到兔子后每个人都能分到兔子的百分之一,而是因为兔子的所有权没有确定。市场上有好多兔子在卖,但盗贼都不敢去偷,这是因为市场上兔子的所有权是明确的。所以,当事物的名分没有确定以前,对于利益,尧、舜、禹、汤也像奔马似的追逐;而名分确定后,贪婪的盗贼也不敢夺取。如法令不明确,其条目不确定,天下百姓都会评议,其评议因人而异,没有定说。君主在上制定法令,百姓在下议论纷纷,这是法令不定,以下代上,这就是人们所说的名分不定。名分不定,尧、舜尚且都会违法,何况普通百姓?这样就使奸恶大兴,君主失掉权威,这是国家灭亡的根本。好比古代圣人著书,流传于后世,必须由教师教授,才能知道其具体内容。如不让教师教授,人人都以自己的想法来解读,到死也不能知道它的具体意义。所以,圣人一定会为实施法令设置法官。设置法官做天下人的老师,就是为了定名分。名分确定了,奸诈之人可以变得正直诚实,民众都谨慎忠诚,而且都能自治。所以确定名分是势所必治的办法,不确定名分是势所必乱的办法。势所必治就不会乱,势所必乱就不会治。用势所必乱的方法去治理,就会更乱;用势所必治的方法去治理,才会更治。圣王用势所必治的方法来治国,不用势所必乱的方法来治国。

【义理揭示】

　　法律直接关系到民众的生命、国家的治乱,所以商鞅主张法令要明确,使民易知。法令规范的名分一旦明确,民众便有

了准则与方向，君主也能确立自己的权威，国家便不乱而治。

十四 以法治国

【原文选读】

故明主使其群臣不游①意于法之外，不为惠于法之内，动无非法。峻法，所以凌②过游外私③也；严刑，所以遂④令惩下也。威不贰错，制不共门。威制共，则众邪彰矣；法不信，则君行⑤危矣；刑不断，则邪不胜矣。故曰：巧匠目意中绳，然必先以规矩为度；上智捷举中事，必以先王之法为比。故绳直而枉⑥木断，准夷而高科削，权衡县而重益轻，斗石⑦设而多益少。故以法治国，举措⑧而已矣。法不阿⑨贵，绳不挠曲⑩。法之所加，智者弗能辞，勇者弗敢争。刑过不辟大臣，赏善不遗匹夫。故矫上之失，诘下之邪，治乱决缪⑪，绌羡齐非，一民之轨，莫如法。属官威民⑫，退淫殆，止诈伪，莫如刑。刑重，则不敢以贵易贱；法审，则上尊而不侵。上尊而不侵，则主强而守要，故先王贵之而传之。人主释法用私，则上下不别矣。

（选自《韩非子·有度第六》）

注释：

①游：放纵。

②凌：侵凌，引申为打击。

③外私：使……在外，摒弃，排除。私，指谋私利的行为。

④遂：使……通过。

⑤行：且，将。

⑥枉：弯曲。

⑦斗石：十斗为一石，斗、石均为古代计量器具。

⑧举措：做与不做。举，实行。措，放置。

⑨阿（ē）：偏袒。

⑩绳不挠曲：比喻法度不迁就不正直的邪恶行为。绳，木工用的墨线，引申为法律的准绳。挠，通"桡"，屈服。曲，弯曲，引申为不正直。

⑪治乱决缪：纷乱者治之，缪结者决之。缪，缠结，比喻纠纷。

⑫属官威名：属，通"励"，勉励、激励。威，威吓，使……害怕。

【文意疏通】

所以明君不让他的群臣在法律之外任意行事，在法令规定的范围内谋求利益，举动不能不合法。严峻的法令是用来禁止犯罪、排除私欲的，严厉的刑法是用来贯彻法令、惩治臣下的。威势不能分与他人，权力不能同享。威势权力与别人同享，奸臣就会出现；法令不坚定，君主的地位就危险了；刑罚不果断，就不能战胜奸邪。所以说：巧匠目测合乎墨线，但必定要用规矩作标准；智商高者办事敏捷合乎要求，必定用先王的法度作依据。所以墨线直了，曲木就要砍直；测准器平了，凸出的地方就要削平；称具拎起，就要减重补轻；量具设好，就要减多补少。所以用法令治国，不过是制定出来、推行下去罢了。法令不阿附权贵，墨绳不迁就弯曲。法令该制裁的，智者不能逃避，勇者不敢抗争。惩罚罪过不回避大臣，奖赏功劳不漏掉平民。所以矫正君上的过失，追究臣下的奸邪，治理纷乱，判断谬误，削减贪欲，剪除邪恶，统一民众的规范，没有什么办法比得上确立法度。整治官吏，威慑民众，除去淫乱怠惰，禁止欺诈虚伪，没有什么办法比得上使用刑罚。刑罚重

了,人们就不敢因地位高轻视地位低的人;法令严明,君主就尊贵不受侵害。尊贵不受侵害,君主就强硬并掌握治国要领,所以先王重法并将法传授下来。君主若弃法用私,那么尊卑上下、君臣之间就没有区别了。

【义理揭示】

商鞅认为,君主的尊严来自他的权力和威势,而法令的强力推行就是权力和威势的保障,君主只要利用好法令这个客观无私的准则,就会所向披靡,无往而不利。

十五 抱法处势则治

【原文选读】

且夫尧、舜、桀、纣千世①而一出,是比肩随踵②而生也。世之治者不绝于中③,吾所以为言势者,中也。中者,上不及尧、舜,而下亦不为桀、纣。抱法处势则治,背法去势则乱。今废势背法而待尧、舜,尧、舜至乃治,是千世乱而一治也。抱法处势而待桀、纣,桀、纣至乃乱,是千世治而一乱也。且夫治千而乱一,与治一而乱千也,是犹乘骥④、駬⑤而分驰也,相去亦远矣。夫弃隐栝⑥之法,去度量之数,使奚仲⑦为车,不能成一轮。无庆赏之劝,刑罚之威,释势委⑧法,尧、舜户说而人辨⑨之,不能治三家。夫势之足用亦明矣,而曰"必待贤",则亦不然矣。

(选自《韩非子·难势第四十》)

注释:

①世:古代以三十年为一世。

②比肩随踵(zhǒng):肩挨着肩,脚跟着脚。

③中:指中等才能的人。

④骥:千里马。

⑤駬(ěr):古代名马。

⑥隐栝(kuò):木工所用工具,使弯曲的竹木平直。

⑦奚仲:传说古代造车的巧匠。

⑧委:抛弃。

⑨辨:劝说。

【文意疏通】

况且尧、舜、桀、纣这样的人一千世才出现一个,就已经算是接踵比肩似的密集了。世上的统治者接连不断产生于中等人才之中,我讨论权势问题,针对的就是这些中等才能的君主。所谓中等人才的君主,与上相比不及尧、舜,与下相比也不及桀、纣。他们坚守法度、掌握权势,那么国家就会治理得很好,违背法度、失去权势,国家就会混乱。如今抛弃权势、违背法度而专门等待尧、舜那样的君主来使天下太平,这就会在千世的混乱以后才有一世治理。相反,坚守法度、掌握权势而等待夏桀、商纣这样的君主来使天下混乱,这就会在千世治理之后才有一世混乱。治理了千世而混乱一世,与治理了一世而混乱千世,就像是骑了千里马背道而驰一样,相差得太远了。如果抛弃矫正木材的办法,丢掉测量的技术,即便让奚仲那样的造车名匠去造车,也做不成一个轮子。没有奖赏的勉励,没有

第四章 君国重器

刑罚的威严,抛开权势放弃法治,让尧、舜挨家挨户去劝说,去给人们辨析事理,就会连三户人家也管不好。所以权势的重要与否也就很明显了,而说"必然要等待贤人",也就不对了。

【义理揭示】

韩非强调,治理国家必须实行法治,做到"以法为本",重视法度和权势。他甚至认为,只要推行法治,中等才能的君主也能治理好国家;如果不推行法治,贤能的君主也治理不好国家。

十六 宪令著于官府,刑罚必于民心

【原文选读】

法者,宪①著②于官府,刑罚必于民心,赏存乎慎法,而罚加乎奸令者也。此臣之所师③也。君无术则弊于上,臣无法则乱于下,此不可一无,皆帝王之具也。

(选自《韩非子·定法第四十三》)

注释:

①宪令:法令。
②著:编著,制定。
③师:顺从,遵守。

【文意疏通】

所谓法,就是法令由官府明文公布,赏罚制度深入民心,对于谨慎守法的人给予奖赏,而对于触犯法令的人进行惩罚。

这是臣下应该遵循的。君主没有权术，就会在上面受蒙蔽；臣下不守法，就会在下面闹乱子。所以术和法缺一不可，都是称王天下必须具备的东西。

【义理揭示】

　　法、势、术相结合，是韩非法治思想的重要特点。他认为，法应当公布于众，使赏罚深入人心，而术则应深藏胸中。君主以此驾驭群臣，就能坐治天下。

十七　慈母有败子而严家无格虏

【原文选读】

　　故韩子曰："慈母有败子而严家无格虏①"者，何也？则能罚之加焉必也。故商君之法，刑弃灰于道者。夫弃灰，薄罪也，而被刑，重罚也。彼唯明主为能深督轻罪。夫罪轻且督深，而况有重罪乎？故民不敢犯也。是故韩子曰"布帛寻常②，庸人不释③；铄金百镒，盗跖不搏④"者，非庸人之心重，寻常之利深，而盗跖之欲浅也；又不以盗跖之行，为轻百镒之重也。搏必随手刑，则盗跖不搏百镒；而罚不必行也，则庸人不释寻常。是故城高五丈，而楼季⑤不轻犯也；泰山之高百仞，而跛牂⑥牧其上。夫楼季也而难五丈之限，岂跛牂也而易百仞之高哉？峭⑦堑之势异也。明主圣王之所以能久处尊位，长执重势，而独擅天下之利者，非有异道也，能独断而审督责，必深罚，故天下不敢犯也。今不务所以不犯，而事慈母之所以败子也，

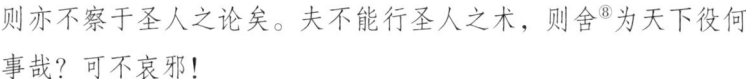

则亦不察于圣人之论矣。夫不能行圣人之术，则舍⑧为天下役何事哉？可不哀邪！

(选自《史记·李斯列传》)

注释：

①严家无格虏：待下严厉的家庭里，没有不服管教的奴仆。格虏，强悍的奴隶。

②布帛寻常：八尺为寻，倍寻为常，以言其少。

③庸人不释：庸人见则取之而不释，以其罪轻。

④铄金百镒（yì），盗跖（zhí）不搏：百镒之美金在地，虽有盗跖之行亦不取者，为其财多而罪重也。铄，美。搏，攫取。

⑤楼季：魏文侯之弟，善于腾跃。

⑥牂（zāng）：母羊。

⑦峭：高，峻峭。

⑧舍：犹废，止。

【文意疏通】

韩非先生说"慈爱的母亲会养出败家的儿子，而严厉的主人家中没有不服管教的奴仆"，这是什么原因呢？这是能否对他们严加惩罚的必然结果。所以商鞅的新法规定，在道路上撒灰的人就要判刑。撒灰于道是轻罪，而加之以刑是重罚。只有贤明的君主才能严厉地督责轻罪。轻罪尚且严厉督责，何况犯有重罪呢？所以百姓不敢犯法。因此韩非先生又说"对几尺绸布，一般人见到就会顺手拿走；百镒美好的黄金，盗跖不会夺取"，并不因为常人贪心严重，几尺绸布价值极高，盗跖利欲淡泊；也不是因为盗跖行为高尚，轻视百镒黄金的重利。原因是一旦夺取，随后就要受刑，所以盗跖不敢夺取百镒黄金；若是不坚决施行刑罚的话，那么一般人也就不会放弃几尺绸布。因此五丈高的城墙，楼季不敢轻易逾越；泰山高达百仞，而跛脚的牧羊人却敢在上面放牧。难道楼季把攀越五丈高的城墙看得很难，而跛脚的牧羊人把登上百仞高的泰山看得很容易吗？这是因为陡峭和平缓，两者形势不同。圣明的君主之所以能久居尊位，长掌大权，独自垄断天下利益，其原因并不在于他们有什么特殊的办法，而在于他们能够独揽大权，精于督责，对犯法的人一定严加惩处，所以天下人不敢违犯法度。现在不制定防止犯罪的措施，却仿效慈母养成败家子的做法，那就太不了解前代圣哲的论说了。不能实行圣人治理天下的方法，除去给天下当奴仆还能干什么呢？这不是太令人悲伤的事吗！

【义理揭示】

李斯把法家思想中的尊君思想和重刑思想推向极端，为了维护君主的最高威权，李斯力主推行重刑主义，主张轻罪重罚，使民众畏惧守法，不敢稍有逾越。

十八 治国有二柄

【原文选读】

治国有二柄①：一曰赏，二曰罚。赏者，政之大德也。罚者，政之大威也。人所以畏天地者，以其能生而杀之也。为治审②持二柄，能使杀生不妄③，则其威德与天地并矣。信顺者，

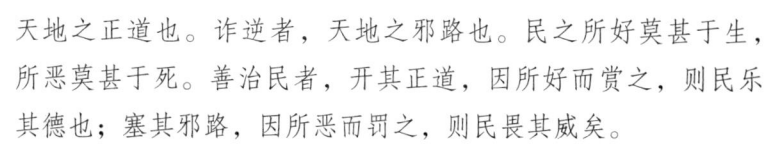

天地之正道也。诈逆者，天地之邪路也。民之所好莫甚于生，所恶莫甚于死。善治民者，开其正道，因所好而赏之，则民乐其德也；塞其邪路，因所恶而罚之，则民畏其威矣。

善赏者，赏一善而天下之善皆劝；善罚者，罚一恶而天下之恶皆惧者何？赏公而罚不贰④也。有善，虽疏贱必赏；有恶，虽贵近必诛。可不谓公而不贰乎？若赏一无功，则天下饰诈⑤矣；罚一无罪，则天下怀疑矣。是以明德慎赏，而不肯轻之；明德慎罚，而不肯忽之。夫威德者，相须⑥而济者也。故独任威刑而无德惠，则民不乐生；独任德惠而无威刑，则民不畏死。民不乐生，不可得而教也；民不畏死，不可得而制也。有国立政，能使其民可教可制者，其唯威德足以相济者乎？

(选自《傅子·治体》)

注释：

①二柄：柄，根本，这里指治理国家的两种根本手段。

②审：慎。

③不妄：有依据，不虚妄。妄，胡乱，荒诞，不合理。

④不贰：专一。

⑤饰诈：作伪骗人。

⑥相须：相互依存。

【文意疏解】

治理国家有两个重要的手段，一个是赏，一个是罚。奖赏，是为政的大德。惩罚，是为政的大威。人之所以畏惧天地，是因为天地既能够让他生，也能够让他死。治理国家要谨慎地使用这两个手段，能够不乱杀人，则为政者的威与德就能够与天地齐平。信服归顺，是天地的正道。欺诈忤逆，是天地的邪路。百姓喜好的没有胜过生存的，所憎恶的没有超过死亡的。善于治理百姓的人，开拓正道，根据百姓所做的好事而奖赏他，那么百姓就会崇敬为政者的德行；堵塞邪路，根据百姓所做的坏事而惩罚他，那么百姓就会畏惧为政者的威严。

善于奖赏的人，奖励一个小小的善行，则天下所有的善人都得到劝勉；善于惩罚的人，惩罚一个小小的恶行，则天下所有的恶人都感到害怕，这是为什么呢？这是奖赏公正、惩罚专一的缘故。有善行，即便疏远或卑贱的人也必然会奖赏；有恶行，即便权贵亲近的人也必然被诛杀。这难道不可说是奖赏公正、惩罚专一吗？如果奖赏一个无功的人，那么天下之人都会坑蒙拐骗；如果惩罚一个无罪的人，那么天下人都会怀有疑问。因此明德行慎奖赏，不肯轻易奖赏；明德行慎惩罚，不肯忽视惩罚。为政者的威与德，相辅相成，相互依存。因此，如果为政者只是施威严刑罚而没有恩惠，那么百姓不乐于生；只是施仁德恩惠而没有严刑，则百姓不畏惧死。百姓不乐于生，就没办法教化他们；百姓不畏惧死，就没办法制约他们。治理国家，能够使百姓既被教化又被约束，难道靠的不是德教和刑罚相辅相成吗？

【义理揭示】

赏罚的功能是很大的，赏罚公平，才能服众，产生正面的影响力，反之则会产生混乱，所以为政者要慎重对待赏罚。同时，赏与罚、威与德要齐施并用，使百姓既能得到教化又能得到制约，这样才能使国家长治久安。

第四章　君国重器

在先秦的各种学派中，法家最重视法律的作用，主张"以法治国"。春秋时期的管仲是法家的先驱，战国时期又有李悝、吴起、商鞅、申不害等人，其中战国末期的韩非、李斯尤为著名，是法家的主要代表人物。法家的法律思想比较完整地呈现在《商君书》《韩非子》《管子》等著作中。

法家学派中，管子首先提出了"以法治国"的观点，认为君主掌握最高立法权和执法权，且这种权利是至高无上和不可分割的，同时，他主张法令一旦制定颁布，则人人都必须服从。管子法治思想的基本特点是君本位，他说："凡君国之重器，莫重于令。令重则君尊，君尊则国安，令轻则君卑，君卑则国危。故安国在乎尊君，尊君在乎行令"，将法令视为治国的重要工具，重法是为了"尊君"，"尊君"是为了"安国"，实现国家的安定富强。他还主张立法须统一，须保证法律的稳定性和权威性，"国法法不一，则有国者不详"；主张法令必须公布，以便保证法令的公正性和权威性，"令未布而罚及之，则是上妄诛也"。

商鞅特别注重法律的制定和执行，主张根据政治形势的变化和社会发展的需要立法，根据民情民俗立法，主张立法执法要明白易知，注重立法执法的公开性和权威性。此外，商鞅还提出了"刑无等级"的思想，无论什么等级的人犯了罪，都要受到刑罚惩处（但不包括君主）；提出了"重刑轻罪"的思想，认为治理国家时应该轻罪重罚，甚至主张实行连坐，以便威慑众人，使人们不敢犯罪。由于迷信暴力刑罚的威力，商鞅虽然也重视刑赏结合，但更强调刑罚，主张刑多赏少。

韩非在重视法治的同时，更强调的是"法""势""术"相结合的思想，君主想要以法治国，除了掌握立法、赏罚的大权之外，还要掌握和应用臣民不得不服从的权势和驾驭臣民的统治术。他认为，只要能把法和势完美地结合起来，即便是才能一般的君主也能治理好国家，反之，即便君主贤明也不能避免天下混乱，正所谓"抱法处势则治，背法去势则乱"。他认为，法应当公之于众，但术作为统治谋略则应深藏胸中，"明主观人，不使人观己"，"邦之利器，不可以示人"。对于执法，韩非提出"法不贵阿"的思想，主张执法不偏袒权贵，且必须严格、准确，使赏罚与民意相一致。

概括言之，法家主张法治，崇尚重刑，反对礼治和德治。他们以"好利恶害"的人性论作依据，认为治理国家最有效的手段便是刑和赏，二者之中，刑的效能更重要——"禁奸止过莫若重刑"，因而他们主张刑多赏少、轻罪重刑。这些法律思想和理论，完全否定了道德教化在治国方面的作用，一味依赖暴力，虽能收效于一时，但如果从国家长治久安的长远之计考虑，终究有其不可避免的局限性。

需要指出的是，法家对法律的重视，始终没有超出君主本位的观念，君主具有超越法律之上的特权，所以本质上，法家的法治理论还是一种专制集权下的法治理论，与西方近代的以法为本位，以权力平等为基础的法治理论有根本的区别。

第四章　君国重器

文化传递

我国第一部《中华人民共和国宪法》于1954年9月20日经第一届全国人民代表大会第一次会议全票通过，因其在1954年颁布，故又称为"五四宪法"。在此后的60年时间里，我国的宪法观念伴随着国家治理体系和治理能力的现代化进程，发生了重大变化。即从阶级意志到共同意志，从煽情主义到合理主义。十八届四中全会明确指出："宪法是党和人民意志的集中体现，是通过科学民主程序形成的根本法。坚持依法治国首先要坚持依宪治国，坚持依法执政首先要坚持依宪执政。"

共同性与合理性作为宪法合法性的起点，要求所有法律法规都必须全面反映全体人民的意愿。如果下位法达不到宪法所规定的保障个人权利、限制政府权力的标准，不能体现基于社会共识的正义观，片面甚至恶意夸大权力意志，那就不是良法，这样的恶法自然也就不能带来"善治"。今天，我们把宪法所体现的基于社会共识的正义观作为判断良法还是恶法、善治还是苛政的主要标准，这在一定程度上避免了立法权的绝对化。在这样的背景下，就必然要求提高立法质量，使每一项立法都符合宪法精神，并且要求把所有规范性文件纳入备案审查范围，依法撤销和纠正违宪违法的规范性文件，禁止地方制发带有立法性质的文件。

我们要认识到，任何组织和个人都必须尊重宪法法律权威，都必须在宪法法律范围内活动，都必须依照宪法法律行使权力或权利、履行职责或义务，都不得有超越宪法法律的特权。依法治国必须以规范和约束公权力为重点，加大监督力度，一切违反宪法的行为都必须予以追究和纠正。

然而，我国违宪审查制度从理论预设到实践操作，还有一段漫长的道路要走。总体上讲，在我国目前的司法体制背景下，采用赋予最高人民法院宪法解释权的方式来逐步开展违宪审查是较为可行的方法。其实，早在2001年，最高人民法院就已经尝试通过对《中华人民共和国宪法》具体条文的司法解释逐步确立违宪审查。

然而，不管违宪审查制度最终的样态如何，都有一个前提条件，即建立以宪法为顶点的一元化金字塔形法律体系。这就与传统中国法辩证性的秩序有所不同。传统中国法始终关注德与刑、礼仪与律令、情理与法律的周转流变，这一法律传统对中国的法制进程产生了深远的影响。当前，我国法制结构的复杂化倾向在很大程度上也是受到传统中国法的影响，例如依法治国与以德治国相结合这些具有显著中国特色的治理方略，都成为建立健全违宪审查制度时需要认真考虑和设计的问题。

此外，对于当前我国立法体制存在的政府主导、部门利益博弈的问题，我们也应有所重视。众所周知，当前各行业各部门的行政法规和行政规章体系异常庞大，在很大程度上背离了"以规范和约束公权力为重点"的现代法治原则。我们提出健全有立法权的人大主导立法工作的体制、完善公众参与政府立法机制、健全法律法规规章起草征求人大代表意见制度、增加人大代表列席常委会会议人数、建立基层立法联系点制度、向下级人大征询立法意见机制等一系列措施，实际上都是立足于在立法程序中建构一条民意的发声渠道。同时，我们还提出要"依法赋予设区的市地方立法权"，适当拓展了地方自治的空

间。这说明，我国的立法制度改革正在逐步实现从政府主导立法到人民代表立法，以局部立法试验来增加国家治理结构的弹性和选择空间。此外，开展立法协商，充分发挥政协委员、民主党派、工商联、无党派人士、人民团体、社会组织在立法协商中的作用，探索建立有关国家机关、社会团体、专家学者等对立法中涉及的重大利益调整等问题的论证咨询机制，也是十分必要的。这意味着，我们的立法程序需要逐步进入协商民主的框架。立法协商其实也是一个多方利益协调的过程，这将有效纠正当前我国立法体制存在的政府主导、部门利益博弈的问题。

总而言之，《中华人民共和国宪法》是国家的根本法，是治国安邦的总章程，具有最高的法律地位、法律权威、法律效力，而宪法的生命和权威在于实施。不容否认，我国宪法在实施中仍面临一些严峻的挑战，但随着法治建设的逐步深入，我们必将形成举国上下尊重宪法、宪法至上、用宪法维护人民权益的良好社会氛围。

（参见季卫东《依宪执政与立法权的重新定位》）

1. 你认为法家法治思想中最重要的部分是什么？
2. "人治"和法家的"法治"是否矛盾？
3. 在今天，我们该如何从传统"法治"向现代法治转变？

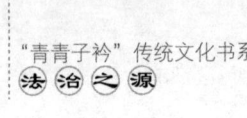

第五章 盛世宽刑

一 有邦有土，告尔祥刑

【原文选读】

王曰："吁！来，有邦有土①，告尔祥刑②。在今尔安百姓，何择，非人？何敬，非刑？何度③，非及？两造具备，师④听五辞⑤。五辞简孚，正于五刑⑥。五刑不简，正于五罚⑦；五罚不服，正于五过⑧。五过之疵，惟官、惟反、惟内、惟货、惟来。其罪惟均，其审克⑨之！五刑之疑有赦，五罚之疑有赦，其审克之！简孚⑩有众，惟貌有稽⑪。无简不听，具⑫严天威。"

(选自《尚书·周书·吕刑》)

注释：

①有邦有土：泛指诸侯大夫。有邦，指诸侯。有土，有采邑的大臣。
②祥刑：不靠惩罚而注重德教。祥，善。

第五章 盛世宽刑

③度：谋划，审议。

④师：士师，即刑官。

⑤五辞：五声。《周礼·秋官·小司寇》："以五声听狱讼，求民情。一曰辞听，二曰色听，三曰气听，四曰耳听，五曰目听。"

⑥正于五刑：按照五刑来处理案件。正，治。

⑦五罚：五等罚金。

⑧五过：即下文所说的官、反、内、货、来。官，依仗权威。反，趁机报恩报怨。内，害怕高位强权，因而受到牵制，影响秉公执法。货，勒索财物，受贿。来，行贿，贪赃枉法。

⑨克：检查、核实。

⑩简孚：检查验证。

⑪惟貌有稽：貌，细微。稽，考核。

⑫具：共。

【文意疏通】

王说："噫！来吧！诸侯国君和各位大臣，我告诉你们不用惩罚而注重德教的办法。如今你们安定百姓，要选择什么呢，难道不是有德之人吗？要慎重对待什么呢，难道不是刑罚吗？要考虑什么呢，难道不是审判案件公平正义吗？原告和被告都来齐了，法官根据辞听、色听、气听、耳听、目听五个方面来考察讼辞；如果讼辞核实可信，就用五刑来处理。如果用五刑处理不能核实，就用五罚来处理；如果达不到用五罚处理的标准，就用五过来处理。五过的弊端是：法官依仗权威随意处理，趁机报恩报怨，谄媚高位强权，索取贿赂，接受请托，贪赃枉法。发现上述弊端，法官的罪就与罪犯相同，你们必须详细查实啊！根据五刑定罪如果有可疑之处，可以从轻，减等根据五罚定罪。如果按五罚处理还是有疑问的，还可以从轻，按

121

照五过来处理。至于五过，一定要核查清楚，即便是细微的情节也要调查清楚。没有核实不能治罪，应当共同敬畏上天的威严。"

【义理揭示】

慎用刑罚，注重德教，明察案情，疑罪从轻，这些原则的背后，是一颗仁爱之心。刑罚是柄利剑，出鞘便要伤人，所以古代圣贤对此非常警惕。

二 上刑适轻，下刑适重

【原文选读】

上下①比罪，无僭乱辞②，勿用不行③，惟察惟法，其审克之！

上刑适轻，下服④；下刑适重，上服。轻重诸罚有权。刑罚世轻世重⑤，惟齐非齐⑥，有伦有要。罚惩非死，人极于病⑦。非佞⑧折狱，惟良折狱，罔非在中。察辞于差⑨，非从惟从。哀敬折狱，明启刑书胥占⑩，咸庶中正⑪。其刑其罚，其审克之。狱成⑫而孚，输而孚。其刑上备，有并两刑。

（选自《尚书·周书·吕刑》）

注释：

①上下：指刑罚的轻重。

②无僭（jiàn）乱辞：僭，差错。辞，纠纷难理之辞。

③勿用不行：对已赦免的罪，不再惩罚。

④上刑适轻，下服：上刑，重刑。适，适宜。下服，以下刑（轻刑）

第五章 盛世宽刑

处置。

⑤世轻世重：指刑罚的轻重要根据当时的社会情况来定。世，时，指按照当时的实际情况。

⑥惟齐非齐：轻重可以随具体情况而权衡变通、灵活掌握。齐，整齐。

⑦人极于病：极，剧。极于病，深困于病。

⑧佞：指巧言令色。

⑨差：指供词中相互矛盾的地方。

⑩明启刑书胥占：启，开。胥，相。占，揣度。

⑪咸庶中正：咸，皆，都。庶，幸，希望之词。中正，正确适当。

⑫狱成：判词中所说的都已经确定下来。

【文意疏通】

刑律条文上没有的，按罪行的轻重，比照有关条文处罚，不要使判词出现差错和混乱。已经赦免的罪，不要重新处罚，一定要明察事实，依法办事，审查核实清楚案情。

犯了重罪，适合于从轻发落的，用轻刑处罚。犯了轻罪，适合于从重处罚的，用重刑处罚。惩罚犯罪的轻重可以灵活掌握。刑罚的轻重可以根据当时的社会状况来灵活应变。刑罚时轻时重，相同或不相同，都有它的条理和纲要。刑罚虽不置人于死地，但受刑罚的人感到比重病还痛苦。审理案件不要用巧辩来使人折服，而是应当依靠善良公正来感化人。审理案件要怀着哀悯的态度，当场打开刑书仔细斟酌，使案件的处理都能够做到公正适当。对那些按五刑或五罪惩处的案件一定要审查核实，确认犯人的供词没有相互矛盾的地方，这样判决以后才能令人信服。如果供词不实，查实后改变判决，也能够让人信服。如果有人同时犯了轻重不同的两种罪行，轻罪并入重罪，按重罪来惩罚。如果犯了两种同样的罪行，只惩罚其中一种罪行。

【义理揭示】

　　法律条文是死的，处理案件时就需要灵活处置，根据具体情况从轻或从重。审理案件的关键是客观公正，仔细审察，查有实据才可以定罪。

三　法正则民悫

【原文选读】

　　十二月，上曰："法者，治之正也，所以禁暴而率善人也。今犯法已论，而使毋罪之父母妻子同产坐①之，及为收帑②，朕甚不取。其议之。"有司皆曰："民不能自治，故为法以禁之。相坐坐收，所以累其心，使重犯法，所从来远矣。如故便。"上曰："朕闻法正则民悫③，罪当则民从。且夫牧民而导之善者，吏也。其既不能导，又以不正之法罪之，是反害于民为暴者也。何以禁之？朕未见其便，其孰计之。"有司皆曰："陛下加大惠，德甚盛，非臣等所及也。请奉诏书，除收帑诸相坐律令。"

（选自《史记·孝文本纪》）

注释：

　　①坐：入罪，定罪。
　　②收帑（tǎng）：即钱财充公，人员收为官府奴婢。帑，古代收藏钱财的府库。

③愨（què）：诚实，谨慎。

【文意疏通】

十二月，汉文帝说："法律是治理国家的准则，用它来禁止残暴，引导人们向善。现在犯人被定罪后，还会使他无罪的父母、妻子、兄弟连坐，收没妻子儿女为官府奴婢，我非常不赞成这种做法。大家讨论一下。"官员们都说："百姓不能治理自己，所以制定法律来约束他们。互相连坐，收没妻子儿女为官府奴婢，以此来约束百姓的心理，使他们不敢轻易触犯法律，这种做法由来已久，在从前这样的做法是适宜的。"汉文帝说："我听说法律公正则百姓忠厚，论罪量刑得当则百姓顺从。何况管理百姓而引导他们向善本来就是官吏的职责。官吏既不能加以引导，又采用不公正的法律去论罪，这反而有害于百姓，使他们为暴作乱，法律怎么能禁止得了呢？我看不出这种法律有什么适宜的地方。你们再深思熟虑。"官员们都说："皇帝加于民众的恩惠浩荡，德泽深厚，不是我们臣下所能赶得上的。让我们谨奉诏书，废除一人有罪，收没妻子儿女为官府奴婢等一些互相连坐的法令。"

【义理揭示】

连坐是不合理的制度，设立法令的本意是禁止残暴，导民向善，如果一味采用严厉的刑法去惩处犯罪，其结果往往适得其反，于百姓有害，助长残虐之风。

四 训道不纯而愚民陷

【原文选读】

即位十三年，齐太仓令淳于公①有罪当刑，诏狱逮②系长安。淳于公无男，有五女，当行会逮，骂其女曰："生子不生男，缓急非有益！"其少女缇萦，自伤悲泣，乃随其父至长安，上书曰："妾父为吏，齐中皆称其廉平，今坐法当刑。妾伤夫死者不可复生，刑者不可复属，虽后欲改过自新，其道亡繇③也。妾愿没入为官婢，以赎父刑罪，使得自新。"书奏天子，天子怜悲其意，遂下令曰："制诏御史：盖闻有虞氏之时，画衣冠、异章服以为戮，而民弗犯，何治之至也！今法有肉刑三④，而奸不止，其咎安在？非乃朕德之薄而教不明与？吾甚自愧。故夫训道⑤不纯而愚民陷焉。《诗》曰：'恺弟君子，民之父母。'⑥今人有过，教未施而刑已加焉，或欲改行为善，而道亡繇至，朕甚怜之。夫刑至断支⑦体，刻肌肤，终身不息⑧，何其刑之痛而不德也！岂称为民父母之意哉！其除肉刑，有以易之；及令罪人各以轻重，不亡逃，有年而免。具为令⑨。"

(选自《汉书·刑法志》)

注释：

①淳于公：即淳于越。

②逮：逮捕。

③亡（wú）繇（yóu）：即无由。繇，同"由"，从，自。

④肉刑三：黥、劓、刖。

⑤道：通"导"。

⑥恺弟（tì）君子，民之父母：指君子有和乐简易之德，则其下尊之

第五章 盛世宽刑

如父,亲之如母。恺,和乐。

⑦支:通"肢"。

⑧息:生。

⑨具为令:使更为条制。

【文意疏通】

汉文帝即位十三年时,齐国太仓令淳于越有罪应当判刑,奉诏令应逮捕捆送长安。淳于越没有儿子,只有五个女儿,当淳于公被逮捕的时候,他骂他的女儿说:"生孩子没有男孩,紧要关头没有用处!"他最小的女儿缇萦,独自哀伤悲泣,就同他的父亲一起到长安,给皇上写信道:"我的父亲为官吏,齐国中都称赞他廉洁公平,现在犯罪应当受罚。我哀痛那些死了的人不能复生,被行刑的人不能恢复,即使以后想改正过错重新做人,也没有道路可走了。我愿意没入官府为奴婢,以此赎解父亲的刑罚,使他得以重新做人。"信到了天子那里,天子哀悯她的心意,就下令道:"各位御史判官,我曾听说有虞氏的时候,用画着不同图文标志的衣服帽子表示不同等级的刑罚来羞辱犯罪的人,而百姓就不去犯罪,这是何等的太平治世!现在刑法有三种肉刑,但邪恶仍然没有停止,过失到底在哪里呢?难道是朕的德行浅薄,教化不彰明吗?我很惭愧。因为训诫引导不正,人民就陷入罪恶了。《诗》上说:'和乐简易的君子,是百姓的父母。'现在人有罪过,还没有进行教育就根据刑法定罪处罚了,即使有人想改正行为去做善事,也没有补救的办法,朕很哀怜他们。刑罚致人截断肢体,刀刻肌肤,终身都不能再生长复原,这种刑罚何等痛苦而又不道德啊!这难道合乎我们作为民之父母的本意吗?我命令废除肉刑,予以改替;罪犯各自根据轻重，不逃亡的，满了年数就免为平民。以上作为条令。"

【义理揭示】

缇萦救父，感动汉文帝，并促使文帝反思。法律的功用不是陷愚民于罪恶，只是惩戒罪犯。不辅助教化，没有训诫引导便乱加斧钺，岂不违背了立法的初衷？

五 用法务在宽简

【原文选读】

贞观元年，太宗谓侍臣曰："死者不可再生，用法务在宽简。古人云：鬻①棺者，欲岁之疫，非疾于人，利于棺售故耳。今法司核②理一狱，必求深刻，欲成其考课③。今作何法，得使平允？"谏议大夫王珪进曰："但选公直良善人，断狱允当者，增秩赐金，即奸伪自息。"诏从之。太宗又曰："古者断狱，必讯于三槐、九棘之官④，今三公、九卿⑤，即其职也。自今以后，大辟⑥罪皆令中书、门下四品以上及尚书九卿议之。如此，庶免冤滥。"由是至四年，断死刑，天下二十九人，几致刑措⑦。

(选自《贞观政要·论刑法第三十一》)

注释：

①鬻（yù）：卖。
②核理：即审理。

第五章 盛世宽刑

③考课：按照一定的标准对官员的政绩与善恶功过进行考核，以决定其官职升降或赏罚。

④三槐、九棘之官：相传，周天子朝堂上有三株槐树，左右各有九株荆棘。百官朝见天子之时，三公面对槐树而立，九卿面对荆棘而立。后世便以"三槐"代指三公一类的官职，"九棘"代指九卿百官。

⑤三公、九卿：唐代的太尉、司徒、司空为三公，太堂寺卿、光禄寺卿、卫尉寺卿、宗正寺卿、大仆寺卿、大理寺卿、鸿胪寺卿、司农寺卿、太府寺卿为九卿。

⑥大辟：五刑之一，杀头的死刑。

⑦刑措：也作"刑错"，指置刑法而不用。措，置。

【文意疏通】

贞观元年，唐太宗对身边侍从的大臣们说："人死不能复生，因此执行刑罚必须要宽大简约。古人说，卖棺木的人希望每年都发生瘟疫，并不是他对别人怀有仇恨，只是因为瘟疫让大批人死亡有利于棺木的出售罢了。现在司法部门审理一桩狱案，总是追求把案子办得严峻苛刻，用这种手段来完成考核。现在有什么办法能使办案公平恰当呢？"谏议大夫王珪进言说："只要选拔公正善良的人和判案公允的人，增加他们的俸禄，赏赐金银布帛，奸诈邪恶的事情自然就会止息。"唐太宗下诏照办。唐太宗又说："古时候审案，一定要询问三槐、九棘这些官员，也就是现在的三公九卿。从今以后，杀头的死刑都要让中书省、门下省四品以上的官员以及尚书九卿等共同决议，这样才能够避免冤案和滥用刑罚。"自此一直到贞观四年，全国被判死刑的人只有二十九人，几乎所有的刑罚都快要搁置不用了。

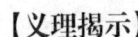

【义理揭示】

官吏不能因为想完成"考核"、制造政绩便肆意使用刑罚,造成执法不公。生命应当被尊重,判案应当要慎重,宽刑才会"催生"盛世。

六 五复奏

【原文选读】

贞观五年,张蕴古为大理丞。相州人李好德素有风疾①,言涉妖妄,诏令鞫②其狱。蕴古言:"好德癫病有征③,法不当坐。"太宗许将宽宥。蕴古密报其旨,仍引与博戏④。治书侍御史⑤权万纪劾奏之。太宗大怒,令斩于东市⑥。既而悔之,谓房玄龄曰:"公等食人之禄,须忧人之忧,事无巨细,咸当留意。今不问则不言,见事都不谏诤,何所辅弼?如蕴古身为法官,与囚博戏,漏泄朕言,此亦罪状甚重,若据常律,未至极刑。朕当时盛怒,即令处置。公等竟无一言,所司又不覆奏,遂即决之,岂是道理?"因诏曰:"凡有死刑,虽令即决,皆须五覆奏。"五覆奏,自蕴古始也。又曰:"守文定罪,或恐有冤。自今以后,门下省覆,有据法令合死而情可矜者,宜录奏闻。"

(选自《贞观政要·论刑法第三十一》)

注释:

①风疾:风,通"疯",疯病。

②鞫(jū):审讯,审问。

第五章 盛世宽刑

③征：迹象，征兆。
④博戏：即局戏，用六箸十二棋。
⑤治书侍御史：官名，亦称持书侍御史。
⑥东市：即唐长安东市，此处为死刑行刑处。

【文意疏通】

贞观五年，张蕴古任大理寺丞。相州有个名叫李好德的人，一向有疯癫病，讲了些荒谬狂妄的话，被唐太宗诏令审讯。张蕴古说："李好德患疯癫病证据确凿，按照法律不应判罪。"唐太宗答应准备予以从宽处理。张蕴古私下把唐太宗的旨意告诉李好德，并和他博戏。治书侍御史权万纪借此事弹劾张蕴古，唐太宗对张蕴古的行为感到十分愤怒，便下令把张蕴古在东市斩首。不久，唐太宗对自己的做法很后悔，对房玄龄说："你们拿着君主的俸禄，就要替君主分忧，事无大小，都得留心。如今我没有问及，你们就不说自己的看法，看到事情都不谏诤，这怎么能叫辅弼呢？比如，张蕴古身为法官，和狱囚一起博戏，还泄露我的话，虽说罪状严重，但如果按正常的法律量刑，还不至于判处死刑。我当时盛怒，立即下令处死，你们竟然不说一句话，主管部门又不复奏，就把他处决，这难道合乎道理吗？"于是下诏说："凡有死刑，虽下令立即处决，都还得五次复奏。"唐代五复奏的规定，就是从张蕴古这件事情开始的。诏令中又说："遵照律文定罪，也可能有冤情。从今以后，由门下省复审，有按照法令应当处死而情有可原的，应将案情抄录奏报。"

【义理揭示】

死生亦大矣,不可不慎。唐太宗的反思极有价值,判罪执法必须超越个人情绪,务必明察之后,依法判决。如果私意凌驾于法治之上,居上位者就易滥施刑罚,造成冤假错案丛生。

七 不须从坐

【原文选读】

贞观十四年,戴州刺史贾崇以所部有犯十恶①者被御史劾奏②。太宗谓侍臣曰:"昔陶唐大圣,柳下惠大贤,其子丹朱③甚不肖,其弟盗跖为臣恶。夫以圣贤之训,父子兄弟之亲,尚不能使陶染④变革,去恶从善。今遣刺史,化被下人,咸归善道,岂可得也?若令缘此皆被贬降,或恐递相掩蔽,罪人斯失。诸州有犯十恶者,刺史不须从坐,但令明加纠访科罪⑤,庶可肃清奸恶。"

(选自《贞观政要·论刑法第三十一》)

注释:

①十恶:中国封建王朝规定的不可赦免的十种重大罪名,分别是:谋反、谋大逆、谋叛、谋恶逆、不道、大不敬、不孝、不睦、不义、内乱。

②劾奏:向皇帝揭发罪行。

③丹朱:尧子,封于丹水(在河南南阳一带),性顽劣。

④陶染:熏陶感化。

⑤科罪:判刑。

第五章　盛世宽刑

【文意疏通】

贞观十四年，戴州刺史贾崇因为其部下有人犯了十恶之罪，被御史上奏弹劾。唐太宗听后对身边的大臣们说："古代唐尧是大圣，他的儿子丹朱却非常不成器；柳下惠是大贤，他的弟弟盗跖却成了巨恶之人。凭大圣大贤的教诲，父子兄弟的情谊，尚且不能使其子、弟受到熏染而发生变化，去恶从善，现在要求刺史去感化一州的百姓都走正路，这怎么可能呢？如果因为所管辖之地有人犯罪就被贬官免职，恐怕今后官员们都会一个接一个地隐瞒辖区内的罪行，那真正的罪犯可能就难以被发现了。因此，各州有犯十恶不赦之罪的，刺史不必连坐获罪，只要求他们查访、判刑，这样才可以肃清奸恶之人。"

【义理揭示】

唐太宗的"圣明"体现在他能揆度人情，作出合理的认知和判断。连坐的不合理在于它违背常情，要求犯罪者之外的相关人员一并接受惩罚，这样往往会导致相关人员因畏惧而隐瞒、藏匿罪犯。

八　务在宽平

【原文选读】

贞观十六年，太宗谓大理卿孙伏伽曰："夫作甲者欲其坚，恐人之伤；作箭者欲其锐，恐人不伤。何则？各有司存[①]，利在称职故也。朕常问法官刑罚轻重，每称法网宽于往代，仍恐主狱之司，利在杀人，危人自达②，以钓声价。今之所忧，正在此耳。深宜禁止，务在宽平。"

（选自《贞观政要·论刑法第三十一》）

注释：

①司存：执掌，职责。

②自达：这里指使自己显达。

【文意疏通】

贞观十六年，唐太宗对大理卿孙伏伽说："做铠甲的人千方百计使铠甲坚固，唯恐被人击伤；造箭的人则希望箭头尖锐，唯恐不能将人射伤。为什么呢？他们只是各司其职，希望自己胜任所担当的职务而已。我曾经询问过判案的人关于刑罚轻重的情况，他们都说刑罚比前代宽大，但我仍然担心主管断案的官员为追求自己的名利而滥用刑罚，危害别人以抬高自己，沽名钓誉。现在我所担心的就在于此！应严加禁止，刑罚务必宽大公平。"

【义理揭示】

刑法不能成为官吏追求个人显达的工具，否则就容易产生为沽名钓誉而滥施刑罚的情况。

九 惟须简约

【原文选读】

贞观十年，太宗谓侍臣曰："国家法令，惟须简约，不可一

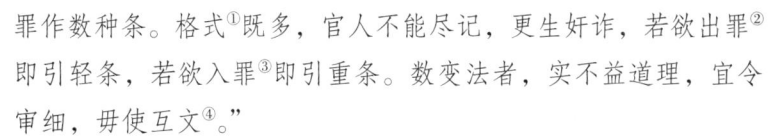

罪作数种条。格式①既多，官人不能尽记，更生奸诈，若欲出罪②即引轻条，若欲入罪③即引重条。数变法者，实不益道理，宜令审细，毋使互文④。"

(选自《贞观政要·论赦令第三十二》)

注释：

①格式：唐代法律的文本形式。格，规定官吏的办事规则。式，规定官署通用的文件格式。格、式创始于东魏、西魏。

②出罪：开脱罪责。

③入罪：加重罪责。

④互文：指互有歧义的条文。

【文意疏通】

贞观十年，唐太宗对身边的大臣说："国家法令，必须制定得简明，不应该一种罪有好几条条款。格式多了，官吏就不能全记下来，更容易发生奸诈的事情。如果想开脱罪责就援引轻判的条款，如果想加重罪责就援引重判的条款。不断地变更法令，实在无益于治国之理，应该仔细审定法令，不要让法律条款之间互相产生分歧、矛盾。"

【义理揭示】

法令烦琐，对治理无益有害，条文越多，漏洞和缝隙也越多，立法最重要的是对法令的审定要仔细严明，做到简明直接，毋生歧义。

十 合于古帝王钦恤民命之意

【原文选读】

康熙十八年,圣祖谕刑部曰:"国家设立法制,原以禁暴止奸,安全良善。故律例繁简,因时制宜,总期合于古帝王钦①恤民命之意。向因人心滋伪,轻视法网,及强暴之徒,陵虐小民,故于定律之外,复严设条例,俾②其畏而知警,免罹③刑辟。乃近来犯法者多,而奸宄④未见衰止。人命关系重大,朕心深用恻⑤然。其定律之外所有条例,如罪不至死,则新例议死,或情罪原轻,而新例过严者,应去应存,著九卿、詹事、科道会同详加酌定确议具奏。"

(选自《康熙政要·论刑法》)

注释:

①钦:恭敬,敬重。
②俾:使。
③罹(lí):遭受。
④宄:奸邪、作乱。
⑤恻:悲痛。

【文意疏通】

康熙十八年,圣祖皇帝向刑部官员下发圣谕:"国家建立刑罚制度,原本是为了禁止暴行除去奸恶,使国家太平百姓安康。因此律例的繁简,都是根据具体情况来设定的,最终是希望能够符合古代帝王敬重体恤百姓之命的心意。从前,由于人心不古,百姓轻视法律,造成强暴之人欺凌小民,因

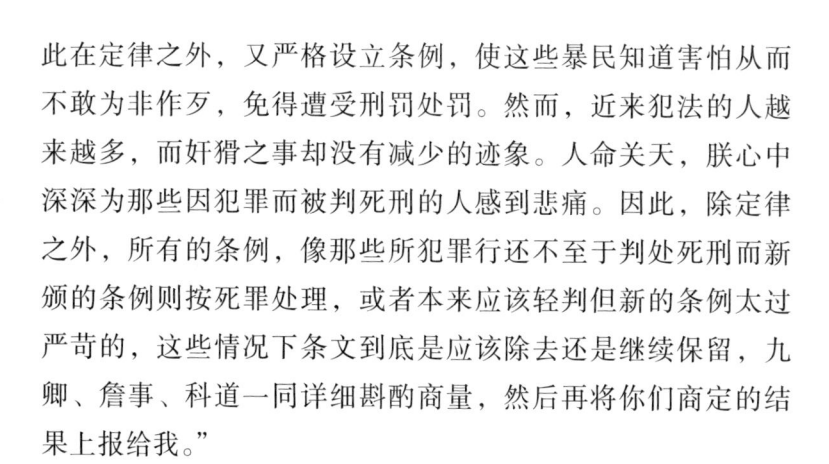

此在定律之外，又严格设立条例，使这些暴民知道害怕从而不敢为非作歹，免得遭受刑罚处罚。然而，近来犯法的人越来越多，而奸猾之事却没有减少的迹象。人命关天，朕心中深深为那些因犯罪而被判死刑的人感到悲痛。因此，除定律之外，所有的条例，像那些所犯罪行还不至于判处死刑而新颁的条例则按死罪处理，或者本来应该轻判但新的条例太过严苛的，这些情况下条文到底是应该除去还是继续保留，九卿、詹事、科道一同详细斟酌商量，然后再将你们商定的结果上报给我。"

【义理揭示】

康熙发此圣谕，是因为他发现，法律条令的繁杂并没有减少犯罪率，相反，苛法出暴民。

十一　敬慎庶狱

【原文选读】

康熙二十年，圣祖谕三法司①曰："帝王以德化民，以刑弼教，莫不敬慎庶狱②。刑期无刑，故谳③决之司，所关最重，必听断明允，拟议持平，乃能使民无冤抑，可几刑措④之风。近览法司章奏，议决重犯甚多。愚民无知，身陷法网，或由教化未孚⑤，或为饥寒所迫，以致习俗日偷，憨⑥不畏法。每念及此，深为悯恻。在外督抚臬司及问刑各官，审理重案，有律例未谙，定拟失当，草率完结者；有胶执成见，改窜供招，深文⑦罗织者；有偏私索诈，受属徇情，颠倒是非者。有一于此，民枉何以得伸？以后著严加申饬⑧，内外大小问刑各衙门，洗心涤虑，持廉秉公。务期原情准法，协于至当，不得故纵市恩，亦不得苛刻失入。痛改积习，加意祥刑，以副朕尚德好生钦恤民命至意。"

（选自《康熙政要·论刑法》）

注释：

①三法司：明清两代以刑部、都察院、大理寺为三法司，遇有重大案件，由三法司会审，亦称"三司会审"。

②庶狱：诸凡刑狱诉讼之事。

③谳（yàn）：定罪。

④刑措：天下文治，刑罚搁置不用。

⑤孚：使人信服。

⑥愍（mǐn）：心中惑乱。

⑦深文：利用法律条文苛刻治人之罪。

⑧饬（chì）：治理，整饬。

【文意疏通】

康熙二十年，圣祖皇帝谕告三法司的官员说："帝王以仁德教化万民，以刑法作为德教的补充完善，没有不重视且谨慎对待狱讼的君王。刑罚的目的在于教育人恪守法律，从而达到不用刑罚的目的，因此管理诉讼定罪的衙门关系重大。因此，判案一定要公开公正，对判决书的拟定要坚持公平，才能够使百姓不遭受冤屈，以此可以基本上实现天下文治，刑罚搁置不用。最近我浏览法司章奏，决定判处重刑的案件

第五章 盛世宽刑

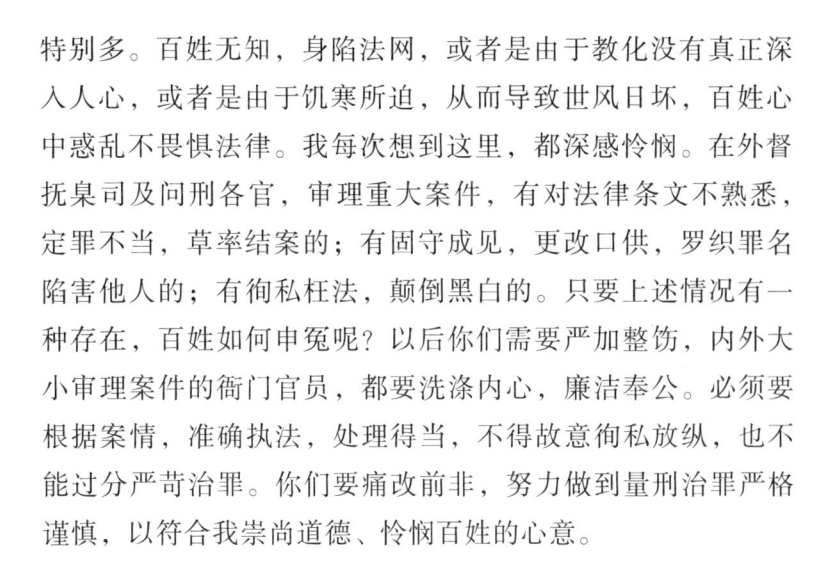

特别多。百姓无知，身陷法网，或者是由于教化没有真正深入人心，或者是由于饥寒所迫，从而导致世风日坏，百姓心中惑乱不畏惧法律。我每次想到这里，都深感怜悯。在外督抚臬司及问刑各官，审理重大案件，有对法律条文不熟悉、定罪不当，草率结案的；有固守成见，更改口供，罗织罪名陷害他人的；有徇私枉法，颠倒黑白的。只要上述情况有一种存在，百姓如何申冤呢？以后你们需要严加整饬，内外大小审理案件的衙门官员，都要洗涤内心，廉洁奉公。必须要根据案情，准确执法，处理得当，不得故意徇私放纵，也不能过分严苛治罪。你们要痛改前非，努力做到量刑治罪严格谨慎，以符合我崇尚道德、怜悯百姓的心意。

【义理揭示】

刑为德之辅，施刑罚的目的在于教化民众，减少刑罚对象，因此，治理百姓首先要宣扬教化，其次要执法公正，切不可草率。

十二 刑部不独人命大事

【原文选读】

又谕曰："刑部不独人命大事，迟延日期，即①杖笞②鞭责之罪，亦复延挨。虽都察院及该科衙门，每月稽察档案，不过虚名而已，何益③实事？嗣后照执审例，十日内所结事件，造册奏报，则事不致稽④延。而定罪之当否，亦可尽知。此等小事，朕

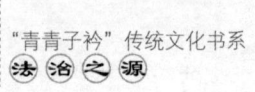

不应苛察，但刑部事物渐至颓废，恐人犯无辜受害，故尔频加稽察。可传谕此意，一并会议。"

（选自《康熙政要·论刑法》）

注释：

①即：副词，就是。

②笞（chī）：古代用竹板或荆条打人脊背或臀腿的刑罚。

③益：增益，有益。

④稽：拖延。

【文意疏通】

圣祖皇帝又下诏说："刑部不仅仅是关系到人命的大案审判拖延日期，就是被判杖打鞭笞这样的小案件的审理，也同样拖延。虽然都察院及下属衙门，每月都稽查档案，不过是虚名罢了，对案件审判有什么实际的推进呢？以后依照判决执行稽查案件，十日内所完结的案件，制作好册子上奏，这样，事情不至于拖延。而且案件定罪是否得当，也都可以知晓了。这等小事，我不应该苛察，但刑部的人事逐渐颓废，我担心犯罪的人无辜受害，因此多次稽查。你们要传达我的这层意思，一起商议谈论如何落实。"

【义理揭示】

执法部门关系重大，如果办事拖延、草率，势必使无辜者受害，案件上奏以备稽查是必不可少的。

第五章 盛世宽刑

十三 刑曹民命攸关，国典所系

【原文选读】

康熙二十五年，圣祖谕刑部、都察院、大理寺大小诸臣曰："刑曹民命攸关，国典所系。今见法司谳鞫①刑狱，或恐不得其情，专事苛刻。夫人命关系重大，必以中正之心，行平恕之道，使法蔽其辜，毋纵毋枉，必得实情，始免屈抑。若惟以深文为能事，锻炼②为尽职，及狱词既具，奏牍既成，即反复推详，欲求其更生之路，亦甚难矣。朕于尔诸臣所上章疏，有情可矜疑，罪未允协者，皆驳令覆审。嗣后其各体朕怀，殚竭心虑，矢慎矢明，以副朕祥刑③之意。朕披阅史册，采择历代贤臣慎刑事绩，书之简牍④，内阁三法司官，其详加省视。"

又谕曰："刑者，所以禁暴止邪。若豪猾奸宄，毋使漏网，贫弱无知，虽偶失于宽，亦不为过纵。"

（选自《康熙政要·论刑法》）

注释：

①谳鞫：审讯。谳，审判定罪。鞫，审问犯人。
②锻炼：罗织罪名。
③祥刑：用刑谨慎详审。
④简牍（dú）：指谕旨中历代贤臣慎刑事绩之文。简，竹简。牍，文牍。

【文意疏通】

康熙二十五年，圣祖皇帝谕刑部、都察院、大理寺大小各位臣子，说："刑罚关系到百姓性命，关系到国家大典。如今，我发现司法部门审判定罪，有的恐怕没有了解到真实的案情，就专门用苛刻的刑律惩罚人。百姓的生命关系重大，司法必须以公平正义为核心，坚持公平宽恕的原则，使法律能够真正惩罚罪行，既不轻纵也不冤枉人，必须了解到真实的案情，才能够免于冤枉好人。如果仅仅以严苛的刑律为能事，以罗列罪名为尽职的表现，等到审判词已经写好，上奏的案牍已经写好，即便上面的官员反复推敲，想为犯人求得一条免死重生的道路，也太难了。朕对于你们所报上来的文章奏折，案情值得怜悯或有可疑之处的，判罪还有不公正或没有统一意见的，都要求发回重审。此后你们体会我的用心，费心尽力，慎重公平地审理案件，以符合我用刑谨慎详审的意图。我阅读古代史册，参看历代贤臣谨慎用刑的事绩，把这些内容摘出写在此文里，内阁三法司的官员，一定要仔细看。"

圣祖皇帝又下诏说："刑罚，是用来禁止暴力邪恶的东西。如果真的是豪强奸猾的人犯法，不能让他们漏网，但如果是贫穷弱小无知的人，即使对他们定罪时偶尔放宽标准，也不应该认为是过分放纵。"

【义理揭示】

康熙认为司法当力求公平正义，坚持公平宽恕的原则，以期能够真正惩罚罪行。好的司法，既不轻纵奸邪之人也不苛责弱者。为官者不可以施刑严苛为能事，轻贱民命。

慎刑思想的提出，最早可以追溯到周公时代。《尚书·康诰》中记载有"惟乃丕显考文王，克明德慎罚"。"以德配天，明德慎罚"是西周初期基本的政治观念、治国方略和司法主张。"明德慎罚"，按照字面意思来讲，即彰明德教，慎用刑罚。统治者要通过"德教"来体现上天的好生之德，同时也通过"德教"使天下归服。"明德慎罚"以"德教"为前提，推行怀柔政策，君臣、上下、父子、兄弟都需要按照"礼"的规范来协调人际关系和社会活动，使整个社会达到一种和谐安定、长治久安的境界；在迫不得已需要动用刑罚的时候，应该做到宽缓、审慎，反对以严刑峻法来迫使民众臣服。

"明德慎罚"为西周的法律制度明确了基本定位和发展方向，而这样一种宽缓法律观的形成，也是我国法律思想史上的丰碑。"明德慎罚"的原则是"庸庸，祇祇，威威，显民"（《尚书·康诰》），所谓"庸庸"即任用应受任用的人，所谓"祇祇"即敬可敬之人，所谓"威威"即罚应罚之人，所谓"显民"即显示于民。

此后，"以德配天，明德慎罚"的主张被儒家发挥成"德主刑辅，礼刑并用"的基本策略，并进而"引礼入刑"，从而奠定了"礼法结合"这一传统中国法的理论基础。此后传统中国法的发展，基本上都继承了西周以来的"慎刑"观念。唐代的《唐律疏议》，宋朝的《宋刑统》以及明清时代的律法，都将"以德为先""刑为慎用"作为立法司法的基本理念和原则。

从某种意义上讲，传统中国法的发展史同时也是"慎刑"思想的发展史。"慎刑"思想体现在法律制度上主要有以下特点：

一是重教化。"德礼为政教之本，刑罚为政教之用"，强调的是把教化放在首位。《论语》中记载了孔子所谓"道之以德，齐之以礼，有耻且格"，即以德的要求来引导人民，以礼的要求来规范人民，让人民自觉内化德与礼的要求，从思想源头上截断恶行歹心。英国的法理学家杰里米·边沁曾经提出"当教育被当作一种预防犯罪的间接手段时，一种根本性的改革显然已经成为需要"，这与中国古代法律重教化，注重通过教育来预防犯罪的思想不谋而合。

二是重仁爱。古代儒家主张"三纲五常"，其中"五常"具体指仁、义、礼、智、信，仁是处于首位的。在《论语》这一儒家传统经典中，孔子论仁的话语占据了相当大的篇幅。"仁者爱人""克己复礼为仁""志士仁人，无求生以害仁，有杀身以成仁""里仁为美，择不处仁，焉得知"，中国百姓对此早已耳熟能详。儒家之仁，立足于亲人之爱、孝悌之心，并由己由家外扩至天下苍生。统治者首先需躬行恭、宽、信、敏、惠，继而以此为榜样，教化万方。儒家在中国传统社会中具有显赫地位，因此儒家重仁爱的思想也影响到了传统中国法的发展，体现在刑法上就是慎刑、恤刑。例如宋代《慎刑箴》主张"钦哉钦哉，惟刑之慎哉""与其杀不辜，宁失不经，好生之德，洽于民心"，《劝慎刑文》呼吁"国家岁举恤刑之诏，赐天下长吏"。

三是反对滥刑。孔子有言："不教而杀谓之虐，不戒视成谓

第五章 盛世宽刑

之暴。"荀子有言:"不教而诛则刑繁,而邪不胜;教而不诛,则奸民不惩。"尽管在法家思想影响下,重刑主义曾在我国古代盛极一时,但总体上讲,传统中国法是反对滥刑,倡导教化为首、宽刑其次的。比如,西周时期就有"疑罪从轻、众疑则赦","五刑"之法也明确反对轻罪重罚、伤及无辜。汉文帝也曾明确反对株连之法,要求"尽除收律相坐法"。

《旧唐书》载:"观三代夏、殷兴亡,已下至秦、汉、魏、晋理乱,莫不皆以毒刑而致败坏也。贤能不待次而举,罢不能不待须而废,元恶不持教而诛,中庸民不待政而化。"这段话在一定程度上可被视为传统中国法慎刑思想的典型写照。

亨德里克·威廉·房龙在《宽容》一书的序言中讲了一个故事,许多人只是被这个故事迷幻的情节所吸引,却很少有人仔细品味过作者在故事最后那段意味深长的话:"人们把一块石碑立在先驱者足迹的尽头(现在那已是一条大道),石碑上刻着先驱者的名字,一个率先向未知世界的黑暗和恐怖挑战的人的名字,他把人们引向了新的自由。碑上刻明,它是由前来感恩朝礼的后代所立。这样的事情发生在过去,发生在现在,但愿将来不再发生。"

宽容,一个古老的话题。

人类崇尚宽容,但每一个时代却都有无数无辜者死于不宽容的绞刑架之下。在房龙看来,不宽容来自于人类对生存的恐惧。正因为书中揭示了人类如何世世代代在偏见与固执的壁垒

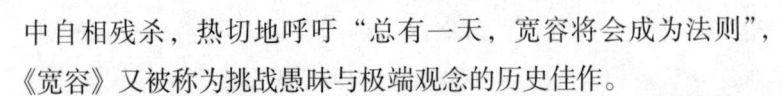

中自相残杀，热切地呼吁"总有一天，宽容将会成为法则"，《宽容》又被称为挑战愚昧与极端观念的历史佳作。

宽容，是对人本身所具有的丰富性、多样性、可能性的尊重与保护。宽容，是对生存尊严的彰显，是对自由理性的呼唤，也是对人性之善良与温和的回归。然而，正因如此，很多人认为法律与宽容是格格不入的。他们坚信，法律的宽容就是姑息养奸，法律必须对一切罪行做出公正而严明的判决。赦免罪行无异于放纵罪行，宽恕罪人无异于放纵罪人。《悲惨世界》中的沙威便是上述观念的虔诚信仰者和忠实执行者。沙威是忠诚的"法律鹰犬"，而他一生的悲哀也正是源自他的忠诚，对恶法不幸的忠诚。他对苦役犯冉阿让的追捕，偏执到近乎疯狂。他终其一生试图审判冉阿让的恶，却一次又一次被冉阿让的善所震撼，尽管他不能承认这种善。冉阿让倾尽全力帮助可怜的妓女芳汀，救下马车下的割风老头儿，收养与自己毫无关系的孤儿珂赛特，甚至在街垒中释放了沙威，而这无疑是给了沙威的一生狠狠一捆。沙威仿佛是为了"不宽容"而生，但最后当这种因教化而生的不宽容之心遭遇到出于人本性的宽容之心的拷问时，沙威陷入了致命的迷茫、矛盾、恐惧、孤独和自我折磨。

雨果在《悲惨世界》的序言中写道，"只要依仗法律和习俗人为地把人间变成地狱，给人类的神圣命运制造苦难……那这部作品就有其存在价值。"雨果希望《悲惨世界》能够起到一种"宗教小说"的效果。基督的爱与宽容超越了世间一切严刑峻法以及人与人之间的偏见仇恨。真正公正、合理的法律应该是合乎人性善良本质的，是引导人去爱而非鼓动人去恨，是引导人

第五章 盛世宽刑

宽容而非鼓动人仇恨。

《悲惨世界》以文学的方式回答了如何处理宽容与法律之间的关系。从法理学上讲，人是法律的核心问题，人既是法律的实用起点，也是法律的终极价值。当今社会，法律已经成为一个国家政权统治、社会运行、人际交往的基本保障和规范，因此法律究竟是良法还是恶法，直接影响了上至执政党、下至平民百姓的权利和义务。因此，宽容而合乎人性的法律就显得更为重要。公民的差异，文化的多元，生活方式的多样，都应该通过法律的宽容而得到尊重和保障。如果法律不能对社会生活中的异质成分予以正当的宽容，那实质上就是剥夺了人们多元化的权利和利益诉求。

将宽容作为良法的重要标准和价值取向，不应停留在理念的层面，而是应该在具体的法律条文中有所体现。比如作证豁免制度和回避制度正是在特定情境中对人性暴露出来的自私弱点保持的一种适度的宽容。一方面，法律不允许人徇私枉法，但另一方面亦不能强求人因公废私。当公私不能两全时，法律必须允许人们有做出回避选择的权利。即使是在道义上会受到谴责的"见死不救"，只要危险状态不是由"见死不救"者直接引发的，法律也一般不会定罪处罚。又比如，法律应该对死刑和酷刑持谨慎态度，最大限度避免对"不可宽恕之人"造成无法恢复的伤害。我国刑法虽然仍然保留了死刑，但对死刑的适用做出了严格规定，未成年人、孕妇等都被列为值得且应该宽恕的人群，对他们不应适用死刑。同时，死刑的执行也要事先经最高人民法院复核，执行方式也必须尊重死刑犯尚未丧失的生存权并尽可能减轻其痛苦。现在，绝大多数国家的法律都严格禁止刑讯逼供,在刑罚的实施过程中也都有相应的减刑、假释制度,保证法律能够在对受刑人人身伤害最小的区间内获得最大的惩戒效果。

宽容的精神和价值取向要求良法应该是能够给人"第二次机会"的法律。试想,如果法律能够让沙威给冉阿让第二次机会,那么这不仅是对冉阿让的救赎,更是对沙威本人的救赎。

文化感悟

1.在中国古代社会,"慎刑"思想有何价值?

2.今天,我们如何处理"刑罚"与"道德教化"二者之间的关系?

3.古代的"大赦"与我们今天的"特赦"有什么区别?

第六章　限政顺天

一　助王宅天命，作新民

【原文选读】

王若曰："孟侯①，朕②其弟，小子封③。惟乃丕显考④文王，克明德慎罚⑤，不敢侮鳏寡，庸庸⑥，祇祇⑦，威威⑧，显民⑨。用肇造我区夏⑩，越我一二邦，以修⑪我西土。惟时怙冒⑫闻于上帝，帝休⑬，天乃大命文王。殪戎殷⑭，诞受厥⑮命越厥邦民。惟时叙⑯，乃寡兄⑰勖，肆汝小子封在兹东土⑱。"

王曰："呜呼！封，汝念哉！今民将在祇遹⑲乃文考，绍闻衣⑳德言。往敷求于殷先哲王㉑，用保乂民㉒。汝丕远惟商耇成人㉓，宅心知训㉔。别求闻由古先哲王㉕，用康保民㉖。弘于天㉗，若德裕㉘乃身，不废在王命㉙！"

王曰："呜呼！小子封，恫瘝乃身㉚，敬哉！天畏棐忱㉛，民情大可见，小人难保，往尽乃心，无康好逸豫，乃其乂民。我闻曰：'怨不在大，亦不在小。惠不惠㉜，懋不懋㉝。'已！汝惟小子，乃服㉞惟弘。王应保殷民㉟，亦惟助王宅天命，作新民㊱。"

(选自《尚书·周书·康诰》)

注释：

①孟侯：周公封其弟康叔为孟侯。

②朕：我，指周公。

③小子封：小子，古代对年轻人的称呼。封，康叔名。

④惟乃丕显考：只有你英明的父亲。

⑤克明德慎罚：明德慎罚，尚德谨刑。克，能。

⑥庸庸：用可用之人。庸，通"用"，前一个为动词，任用；后一个指可以胜任的人。

⑦祗祗：敬可敬之人。祗，敬。

⑧威威：罚该罚之人。威，罚。

⑨显民：显示于民，让人民了解。显，显示。

⑩用肇造我区夏：因而开始建造了我们周朝。用，因此。肇，始。肇造，初建，创造。区，别。夏，中国，这里指周朝。

⑪修：治。

⑫惟时怙冒：时，"是"，指示代词。怙，大。冒，勉励。

⑬休：美、善，引申为高兴。

⑭戎殷：即周人对商王朝的尊称，与商人称殷都为大邑商类似。

⑮厥(jué)：指殷商。

⑯叙：基业。

⑰寡兄：指周武王，古代天子都称自己为孤或寡。

⑱东土：周王朝的东方，这里指商王畿的故地。

⑲遹(yù)：遵循。

⑳衣：通"依"，依照。

㉑殷先哲王:指商朝圣明先王的治国之道。

㉒用保乂民:以此来治理百姓。保,安。乂,治。

㉓商耇(gǒu)成人:指商朝的遗老贤人。耇,寿,老。另有一说,商即"赏",奖赏,褒奖。

㉔宅心知训:意思是考虑如何才能教导殷商之民。宅,度,揣度。训,教。

㉕古先哲王:传说中的古代先贤圣主之后,西周分封了古代帝王之后为诸侯。

㉖用康保民:保民用康的倒装句,保民以安康的意思。

㉗天:即上天,上帝。甲骨文常见这种提法。

㉘德裕:德政。

㉙王命:指周的统治受命于天。

㉚恫(dòng)瘝(guān)乃身:意为殷地百姓的疾病忧愁缠绕着你。恫,痛。瘝,病。

㉛棐忱:辅助诚信的人。

㉜惠:顺服。

㉝懋:勉力。

㉞服:这里是责任的意思。

㉟王应保殷民:指承受王命去安置统治殷民。应,受。

㊱作新民:使殷民成为周的新臣民。

【文意疏解】

王这样说:"诸侯之长,我的弟弟,年轻的封啊!只有你伟大英明的父亲文王,能够崇尚德教,慎用刑罚,不敢欺侮无依无靠的人,任用当用的人,尊敬当敬的人,威慑应当威慑的人,将这些都显示于人民,让人民了解。因而开始建造了我们小小的周国，和我们的几个友邦共同治理我们西方。文王这种勤勉，被上天知道了，上天很高兴，就降天命给文王。灭亡大国殷，并统治它的国家及其民众。继承文王的基业，是长兄武王努力所致，所以你这年轻人才封在这东土。"

　　王说："啊！封，你要深思熟虑啊！现在殷民将观察你是否恭敬地追随文王，继续以文王的德教来治理国家。你去殷地，要广泛地巡访殷代圣明先王用来治国安民的方法，以此来治理百姓。你还要奖赏殷商长者，考虑明智地教导殷民。另外，你还要探求古时圣明帝王安保百姓的遗训。弘扬上天的旨意，用和顺的美德指导自己，我们统治天下的天命就不会被废弃！"

　　王说："啊！年轻的封，殷商之地百姓的疾病忧愁缠绕着你，要谨慎啊！上天会辅助诚信的人。从民情大致可以看出，殷地的百姓难于安定，因此你去殷地要尽心尽力地治理百姓，不要苟安，贪图逸乐，只有这样才会治理好百姓。我听说：'民怨不在于大，也不在于小。要使不顺从的顺从，不努力的努力。'啊！你这个年轻人，你的职责就是宽大对待、安置统治殷民，也是辅佐君王顺从天命，革新殷民。"

【义理揭示】

　　在中国古代，人们认为君权的合法性来自顺应天命，所以为君者也要有所敬畏，要追随前代圣君，以德教治国；不能够贪图享乐、不思进取。只有这样，国君才能维护统治。

第六章 限政顺天

二 非汝封刑人杀人

【原文选读】

王曰："呜呼！封，敬明乃罚①。人有小罪，非眚②，乃惟终③，自作不典④，式尔⑤，有厥罪小，乃不可不杀。乃有大罪，非终，乃惟眚灾⑥，适尔，既道极厥辜，时⑦乃不可杀。"

王曰："呜呼！封，有叙⑧时，乃大明服⑨，惟民其敕懋和⑩。若有疾，惟民其毕弃咎⑪。若保赤子⑫，惟民其康乂⑬，非汝封刑人杀人，无或刑人杀人。非汝封又曰劓刵人，无或劓刵人。"

（选自《尚书·周书·康诰》）

注释：

①敬明乃罚：慎重刑罚的意思。敬，恭谨。明，严明。

②眚（shěng）：悔过。

③乃惟终：乃，你，指有过失、错误的人。终，始终。

④不典：做不合法的事情。典，法。

⑤式尔：故意这样做的意思。

⑥灾：即"哉"。

⑦时："是"，代词，这的意思。

⑧叙：顺从，按照。

⑨服：归顺，臣服。

⑩惟民其敕懋和：指百姓互相劝勉，和睦相处。敕，告诫。懋，勉励。和，和顺。

⑪弃咎：弃恶为善。

⑫赤子：幼儿。

⑬康乂：安定、治理。

【文意疏通】

王说:"啊!封,要慎重严明地使用那些刑罚。一个人犯了小罪,但不肯悔过,始终一错再错,故意这样做,虽然犯的罪很小,却不能不把他杀掉。一个人犯了大罪,不再坚持罪恶,能够悔过,这样偶尔犯罪,但已经把自己的罪行交代清楚,这样的人不应杀掉。"

王说:"啊!封,如果你能够按照这样去做,民众就会心悦诚服,他们就会互相劝勉,和睦相处。就像医治疾病一样,尽力使百姓全都弃恶为善。就像保护幼稚的孩子,使民众得到安定。除了你可以惩罚人杀人,任何人都无权惩罚人杀人。除了你可以命令用劓刑、刵刑惩罚人,任何人都无权用劓刑、刵刑惩罚人。"

【义理揭示】

刑罚当慎用,对于诚心悔过者不可杀,君主应该如医生治疗病人,如父母护佑幼子一样去爱护百姓。上天有好生之德,为君者要顺应天意,民众才能安定,国家才能稳固。

三 天相民,作配在下

【原文选读】

王曰:"呜呼!敬之哉,官伯族姓①,朕言多惧,朕敬于刑,有德惟刑。今天相民,作配②在下。明清于单辞③,民之乱④,

第六章 限政顺天

罔不中听狱之两辞⑤。无或私家于狱之两辞⑥!狱货⑦非宝,惟府辜功⑧,报以庶尤⑨。永畏惟罚,非天不中,惟人在命⑩。天罚不极,庶民罔有令政在于天下⑪。"

王曰:"呜呼!嗣孙,今往何监?非德⑫?于民之中⑬,尚明听之哉!哲人惟刑⑭。无疆之辞,属于五极⑮,咸中有庆⑯。受王嘉师,监于兹祥刑。"

(选自《尚书·周书·吕刑》)

注释:

①官伯族姓:主司政典的诸侯。族姓,同族人。

②配:两事或两人相称叫作配。这里指天上的上帝与地上的君王相配,即周王受命以配上帝。

③单辞:一面之词。

④乱:治理。

⑤罔不中听狱之两辞:无不在于公正地审理诉讼双方的讼词。

⑥无或私家于狱之两辞:即不谋私利于任何一方。

⑦狱货:审理诉讼时收取的财物。货,指贿赂。

⑧惟府辜功:聚集罪恶。

⑨报以庶尤:这里指招致众怨,被判刑。报,判决。庶,众。尤,罪。

⑩永畏惟罚:意思是大罚可畏。

⑪天罚不极,庶民罔有令政在于天下:若不加罪处之,则天下庶民就没有善政。天罚,天威。极,至。令政,善政。

⑫非德:难道不是美德吗。

⑬中:狱讼的案情。

⑭哲人惟刑:治理百姓要运用刑罚。哲,制,治理。

⑮无疆之辞,属于五极:意思是说这些讼词都关系到五刑的诛罚。无疆,无穷无尽,形容讼词繁多。五极,五刑。

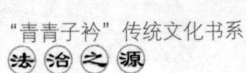

⑯咸中有庆：咸，皆。中，这里指狱讼的处置公平适当。庆，善、福泽。

【文意疏解】

王说："啊，要谨慎地对待刑狱啊！主持刑狱的诸侯国君以及同宗官员们，我的话多是畏惧之词，我谨慎地对待刑狱，施行德政也离不开刑罚。如今上天为了造福百姓，在人间为他们设立了君王作为代理人。所有的官员办案时应当明察供词，不可偏听偏信，治理百姓，无不在于公正地审理双方的诉讼词，不要为私利而偏袒诉讼的任何一方！办案时接收的财物不是宝物，那只是在聚集罪恶，将会招致民众的怨恨，国家的惩罚。这种严厉的惩罚是令人畏惧的，这不是天道不公平，只是人们自己终结天命而已。上天如果不惩罚这些贪赃枉法的人，那么百姓就不能享有清明的政治。"

王说："啊！子孙们，从今以后，拿什么来监督你们办案呢？难道不是德政吗？对于百姓案情的判决，要明察审慎啊！治理百姓要运用刑罚，无穷无尽的讼辞都关系到五刑的判决。如果案件都能处理得公正适当，就是行善事，造福泽。你们从我这里承担治理善良民众的重任，一定要施行我上面所说的善德之刑。"

【义理揭示】

君主是上天在人间的代理人，君主治理国家，必须顺乎天意，施行德政。官吏对待刑狱，要明察之后公正判决，不能徇私和偏袒，更不能收受贿赂，否则就会触怒上天，招致民怨和惩罚。

四 垂衣裳而天下治

【原文选读】

神农氏没,黄帝、尧、舜①氏作,通②其变,使民不倦,神而化之,使民宜之。《易》穷则变,变则通,通则久。是以"自天祐之,吉,无不利"。黄帝、尧、舜垂衣裳③而天下治,盖取诸乾坤④。

(选自《周易·系辞下》)

注释:

①黄帝、尧、舜:黄帝,轩辕氏,相传是我国中原各族祖先。尧,陶唐氏,名放勋,史称唐尧。舜,有虞氏,名重华,史称虞舜。
②通:研究。
③垂衣裳:上衣和下裳长长地拖下来。
④乾坤:象征天、地。乾为天,在上;坤为地,在下。

【文意疏解】

神农氏死后数百年,黄帝、尧、舜先后兴起,研究器物的变化,不断更新,使人民不断进取,还把器物做得特别好,出神入化,使人民感到用起来很适宜。这就是《周易》所阐明的事物穷极了就会变化,变化了就会畅通,畅通了就会长久。因此"上天保佑他们,很吉利,没有什么不顺畅的"。黄帝和尧、舜都穿着拖长的衣裳就能使天下太平,大概是取法于乾坤的结果。

【义理揭示】

"穷则变，变则通，通则久"，君主要一心保民、利民，惟有如此，才能受上天眷顾、保佑，达到天下太平。

五 圣人南面而听天下

【原文选读】

离①也者，明也，万物皆相见②，南方之卦③也，圣人南面而听④天下，向明而治，盖取诸此也。

（选自《周易·说卦》）

注释：

①离：火，火光照耀。

②万物皆相见：《说卦传》以八卦配四时，离为盛夏四十五日，此时草木皆生长，鸟兽皆出动，昆虫皆生出。

③南方之卦：八卦配八方，离分配在南方。

④听：治理。

【文意疏通】

离卦是南方，代表了太阳，阳光普照，万物在光明中显现。圣王朝南面听政天下，士民大众面向光明而天下太平，大概是受这个卦象启发而来的。

【义理揭示】

自然昭示着人事，从离卦可以得到为君之道的启示，那就

第六章 限政顺天

是治理国家，必须广施德教，本乎仁爱，公正光明。

六 威厉而不杀，刑错而不用，法省而不烦

【原文选读】

昔者神农①之治天下也，神不驰于胸中，智不出于四域②，怀其仁诚之心。甘雨时降，五谷蕃植，春生夏长，秋收冬藏。月省时考，岁终献功，以时尝谷③，祀于明堂。明堂之制，有盖而无四方，风雨不能袭，寒暑不能伤，迁延而入之，养民以公。其民朴重端悫④，不忿争而财足，不劳形而功成。因天地之资而与之和同，是故威厉而不杀，刑错而不用，法省而不烦。故其化如神。其地南至交趾⑤，北至幽都，东至旸谷⑥，西至三危⑦，莫不听从。当此之时，法宽刑缓，囹圄空虚，而天下一俗，莫怀奸心。

（选自《淮南子·主术训卷九》）

注释：

①神农：传说中的古代部落首领，号神农氏。一说即为炎帝，姜姓。

②四域：四方。

③尝谷：品尝新收获的五谷。

④端悫：正直诚实。

⑤交趾：指代极远的南方。

⑥旸（yáng）谷：传说中的日出之处。

⑦三危：山名，在今甘肃敦煌一带。

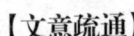

【文意疏通】

过去神农氏治理天下，精神沉静而不躁动驰骋于胸中，智慧藏匿而不显露于身外，只怀着一颗仁爱真诚之心。因而自然界甘雨及时降落，五谷繁茂生长，春生夏长，秋收冬藏。按月检查，每季考察，到年底向祖宗神灵汇报丰收的喜讯，按季节尝吃新谷，在明堂祭祀祖宗神灵。明堂的建制式样，有天穹一样的圆形顶盖而无四面墙壁，但风雨却不能侵袭，寒暑也不能伤害。每当祭祀祖宗神灵时，怀着公心养育民众的神农氏率领随从胸襟坦荡步履从容地进入明堂。他的民众朴素稳重、正直诚实，不用互相争夺而财物富足，不用过分劳累身体就能大功告成。他凭借着大自然的资助，而与天地自然融为一体。所以，他尽管身处威严地位，但却从不逞威逞凶；制定刑法政令，但却不必动用；法令简略而不繁杂，所以对民众的教化功效神奇。他的管辖范围南到交趾，北到幽都，东到旸谷，西到三危，各处无不听从归附他。在这个时候，法律宽厚，刑罚轻缓，监狱空虚，而天下风俗却淳朴，谁也不怀奸诈之心。

【义理揭示】

君主治国须有敬畏之心，心怀仁爱，真诚坦荡，顺应自然规律，上能无愧于天地祖宗，下能以身作则，化育民众，使天下民俗淳朴，百姓安居乐业。

七 蘧伯玉为相

【原文选读】

蘧伯玉①为相,子贡②往观之,曰:"何以治国?"曰:"以弗治治之③。"简子④欲伐卫,使史黯往覡焉,还报曰:"蘧伯玉为相,未可以加兵。"固塞险阻,何足以致之!故皋陶喑而为大理,天下无虐刑,有贵于言者也;师旷瞽⑤而为太宰,晋无乱政,有贵于见者也。故不言之令,不视之见,此伏羲、神农之所以为师⑥也。

(选自《淮南子·主术训卷九》)

注释:

①蘧(qú)伯玉:名瑗,春秋卫国大夫,有贤相之名。
②子贡:春秋卫国人,孔子弟子,以外交和经商著称。
③以弗治治之:以无为而治,顺应自然和社会规律而治理。
④简子:春秋晋国卿大夫,原名赵鞅,亦称赵孟。
⑤瞽(gǔ):目盲,古时乐师多以盲人为之。
⑥师:师表。

【文意疏通】

过去蘧伯玉做卫国的丞相,子贡前去拜访他,问:"你是如何治理国家的?"蘧伯玉回答说:"靠不治来治理。"赵简子准备征伐卫国,先派史墨前去侦察。史墨回来报告说:"蘧伯玉担任卫国的丞相,所以不可以出兵。"由此看来,坚固的要塞和险峻的关隘又怎么能起到这种功效呢?所以皋陶尽管喑哑,但就是凭着哑疾而做上了舜帝的司法官,天下便没有暴虐的刑罚,哑巴有着比能言者更珍贵的地方;师旷眼瞎而当上晋国

的太宰，晋国便没有混乱的政局，瞎子有着比明目者更珍贵的东西。所以说，不动嘴说话就能实行政令，不睁眼观看就能明察秋毫，这就是伏羲和神农能成为后人师表的缘故。

【义理揭示】

治理国家的最高境界不靠言辞，也不靠监察和刑罚，而是顺应民意，因势利导。看似无为，实际上能遵循规律，以简驭繁，使天下臻于大治。

八 以天为法

【原文选读】

然则奚以为治法而可？故曰：莫若法天①。天之行②广而无私，其施厚而不德③，其明久而不衰，故圣王法之。既以天为法，动作有为，必度于天。天之所欲则为之，天所不欲则止。然而天何欲何恶者也？天必欲人之相爱相利，而不欲人之相恶相贼④也。奚以知天之欲人之相爱相利，而不欲人之相恶相贼也？以其兼而爱之，兼而利之也。奚以知天兼而爱之，兼而利之也？以其兼而有之，兼而食⑤之也。

(选自《墨子·法仪第四》)

注释：

①法天：法，效法。以天为准则法度。
②行：道。
③不德：不自以为有功劳。

第六章 限政顺天

④贼：残害。
⑤食：供养。

【文意疏通】

那么用什么作为治理国家的法则才行呢？最好是以天为法则。天的运行广大无私，它的恩施深厚而不自居有功，它的光耀永远不衰，所以圣王以它为法则。既然以天为法则，做事就必须顺天而行。天所希望的就去做，天所不希望的就应停止。那么天希望什么不希望什么呢？天肯定希望人相互友爱和帮助，而不希望人相互厌恶和残害。怎么知道天希望人相互友爱和帮助，而不希望人相互厌恶和残害呢？这是因为天对所有人付出爱与帮助的缘故。怎么知道天对所有人付出爱与帮助呢？因为人类都是天的子民，全部受天的供养。

【义理揭示】

上天广大无私，泽被万民，故圣明的君主当以天为则，顺天而行，像天那样保育百姓，使他们相爱相利，制止罪恶和残杀。

九 圣君任法而不任智

【原文选读】

圣君任法而不任智，任数而不任说，任公而不任私，任大道而不任小物，然后身佚而天下治。失君则不然，舍法而任智，故民舍事而好誉；舍数而任说，故民舍实而好言；舍公而好私，故民离法而妄行；舍大道而任小物，故上劳烦，百姓迷惑，而国家不治。圣

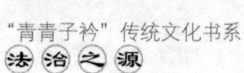

君则不然,守道要①,处佚乐,驰骋弋猎,钟鼓竽瑟,宫中之乐,无禁圉也。不思不虑,不忧不图,利身体,便形躯,养寿命,垂拱而天下治。是故人主有能用其道者,不事心②,不劳意③,不动力,而土地自辟,囷仓自实,蓄积自多,甲兵自强,群臣无诈伪,百官无奸邪,奇术技艺之人莫敢高言孟行④以过其情、以遇⑤其主矣。

(选自《管子·任法第四十五》)

注释:

①道要:国家的重要原则、政策。

②事心:操心。

③劳意:费神。

④高言孟行:形容夸大言辞,行为鲁莽。

⑤遇(yù):糊弄、欺骗。

【文意疏通】

圣明君主治国依靠法度而不依靠智谋,依靠政策而不依靠议论,依靠公而不依靠私,依靠大道而不依靠小事,结果是自身悠闲而天下太平。失国之君就不是如此,弃法度而依靠智谋,所以百姓也就丢开生产而追逐虚名;弃政策而依靠议论,所以百姓也就丢开实际而好说空话;弃公而依靠私,所以百姓也就背离法度而胡作妄为;弃大道而依靠小事,所以君主劳烦忙乱,人民迷惑不清,而国家不得安定。圣明的君主就不是这样,只掌握国家的主要原则,而过着安逸快乐的生活,跑马打猎,鸣钟击鼓,吹竽奏瑟,宫中的娱乐没有什么拘束。他不思不虑,不忧不谋,利其身体,适其形躯,保养其寿命,垂衣拱手安坐而天下太平。所以,君主能够遵循这个原则的,就不操心,不劳神,不费力,而

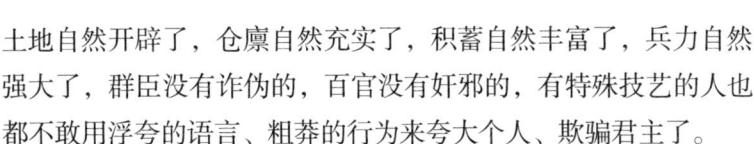

第六章 限政顺天

土地自然开辟了,仓廪自然充实了,积蓄自然丰富了,兵力自然强大了,群臣没有诈伪的,百官没有奸邪的,有特殊技艺的人也都不敢用浮夸的语言、粗莽的行为来夸大个人、欺骗君主了。

【义理揭示】

对于天道来说,人的智谋都是"小巧",所以圣明的君主懂得顺应天意制定法度,依照法度治理天下,而非妄用智巧。能做到这一点,国家自然强大和安定,无须疲于奔命。

十 圣法之治

【原文选读】

田子①读书,曰:"尧时太平。"宋子②曰:"圣人之治,以致此乎?"彭蒙在侧,越次③答曰:"圣法之治以至此,非圣人之治也。"宋子曰:"圣人与圣法何以异?"彭蒙曰:"子之乱名甚矣。圣人者,自己出也;圣法者,自理出也。理出于己,己非理也;己能出理,理非己也。故圣人之治,独治者也;圣法之治,则无不治矣。此万物之利,唯圣人能该④之。"宋子犹惑,质于田子。田子曰:"蒙之言然。"

(选自《尹文子·大道下》)

注释:

①田子:田骈,又称陈骈(田、陈古同音),战国时田齐宗室,好黄老之学。

②宋子:宋钘,战国时宋国人,宋尹学派代表人物,齐宣王时游学齐

国稷下学宫。

③越次：超越次序。

④该：具备，完备。

【文意疏通】

田骈读着书，说："唐尧时代真是太平盛世。"宋钘说："圣人治理国家，都能达到这样的程度吗？"彭蒙在一旁抢着回答说："这是圣法治理国家的结果，并不是圣人治理的结果。"宋钘说："圣人与圣法治理国家有什么区别？"彭蒙说："先生把名搞得太混乱啦。圣人是从个人的角度着眼，圣法是从事理的角度着眼。事理虽然出自个人之手，但个人之见并不等于事理；个人之见尽管能反映出事理，但事理并不等于个人之见。所以，圣人治理国家，是个人独自治理国家；用圣法治理国家，那么国家没有不被治理好的。这对万事万物都有利的圣法，只有圣人才能制定它，完善它。"宋钘听后仍然迷惑不解，就问田骈，田骈说："彭蒙说得很对。"

【义理揭示】

圣人治理，不如圣法治理。圣法是从事理出发，遵从规律，循理而治，自然无往不利。但只有圣人才能够制定和完善这圣法。

十一　法者天子所与天下公共也

【原文选读】

顷之，上行出中渭桥①，有一人从桥下走出，乘舆马惊。于是使骑捕，属②之廷尉。释之治问。曰："县人③来，闻跸④，匿桥下。久之,以为行已过,即出,见乘舆车骑,即走耳。"廷尉奏当,一人犯跸,当罚金。文帝怒曰:"此人亲惊吾马,吾马赖柔和,令他马,固不败伤我乎?而廷尉乃当之罚金!"释之曰:"法者天子所与天下公共⑤也。今法如此而更重之,是法不信于民也。且方其时,上使立诛之则已。今既下廷尉,廷尉,天下之平也,一倾而天下用法皆为轻重,民安所措其手足?唯陛下察之。"良久,上曰:"廷尉当是也。"

(选自《史记·张释之冯唐列传》)

注释:

①中渭桥:渭桥有三,一在城西北去咸阳路上,是西渭桥;一在东北高陵道上,是东渭桥;中渭桥在古城之北。

②属(zhǔ):交付,委托,此指交给官吏治罪。

③县人:长安县人。

④跸(bì):古代帝王出行时清道以禁止行人,这里指帝王的车驾。

⑤公共:共同遵守。

【文意疏解】

此后不久,皇帝出巡经过长安城北的中渭桥,有一个人突然从桥下跑了出来,皇帝车驾的马受了惊。于是命令骑士捉住这个人,交给了廷尉张释之。张释之审讯那个人。那人说:"我是长安县的乡下人,听到了清道禁止人通行的命令,就躲在桥下。过了好久,以为皇帝的队伍已经过去了,就从桥下出来,一下子看见了皇帝的车队,马上就跑了。"然后廷尉向皇帝报告那个人应得的处罚,说他触犯了清道的禁令,应处以罚金。文帝发怒说:"这个人惊了我的马,幸亏我的马驯良温和,假如是

别的马,说不定就摔伤我了,可是你才判处他罚金!"张释之说:"法律是天子和天下人应该共同遵守的。现在法律就这样规定,却要再加重处罚,这样法律就不能取信于民。在当时,皇上您让人立刻杀了他也就罢了,现在既然把这个人交给我,我作为廷尉是天下公正执法的带头人,执法稍一偏失,天下执法者执法时都会任意或轻或重,老百姓岂不会手足无措?愿陛下明察。"皇帝思忖了许久,说:"廷尉的判处是正确的。"

【义理揭示】

作为执法者,无论是廷尉还是皇帝,都应当按律惩治犯法之人。法令一旦制定,就应成为衡量一切犯罪的标尺,不能被随意超越,这样才能取信于民。

十二 善治其国,爱养斯民

【原文选读】

古之善治其国而爱养斯民者,必立经常简易之法,使上爱物以养其下,下勉力以事其上,上足而下不困①。故量人之力而授之田,量地之产而取以给公上,量其入而出之以为用度之数。是三者常相须以济②而不可失,失其一则不能守其二。

(选自《新唐书·食货志》)

注释:

① 困:贫乏。
② 济:成。

第六章 限政顺天

【文意疏通】

古代善于治理其国家并爱护养育百姓的君主，一定要建立相对稳定、简便易行的法度，使统治者爱惜物力以养育百姓，百姓努力生产以供养统治者，君主和国家富足而百姓也不贫困。所以，按照百姓的劳力多少而授予他们田地，按照土地的产量而征税以供养朝廷，量入为出来确定国家用度的数目，让这三者经常处在相辅相成、相互制约的状态而不至于有所偏废，因为偏废一个方面就不能保证其他两个方面。

【义理揭示】

治国和其他事一样，也须遵循一定的规则，比如对百姓的田地、朝廷的税收和国家的用度就需要调节，使其达到均衡，这样才能统治长久。

十三 三代以上有法，三代以下无法

【原文选读】

三代①以上有法，三代以下无法。何以言之？二帝、三王知天下之不可无养也，为之授田以耕之；知天下之不可无衣也，为之授地以桑麻②之；知天下之不可无教也，为之学校以兴之，为之婚姻之礼以防其淫，为之卒乘③之赋以防其乱。此三代以上之法也，固未尝为一己而立也。后之人主，既得天下，唯恐其祚④命之不长也，子孙之不能保有也，思患于未然以为之法。然

则其所谓法者,一家之法,而非天下之法也。是故秦变封建而为郡县,以郡县得私于我也;汉建庶孽⑤,以其可以藩屏于我也;宋解方镇之兵,以方镇之不利于我也。此其法何曾有一毫为天下之心哉!而亦可谓之法乎?

三代之法,藏天下于天下者也。山泽之利不必其尽取,刑赏之权不疑其旁落,贵不在朝廷也,贱不在草莽也。在后世,方议其法之疏,而天下之人不见上之可欲,不见下之可恶,法愈疏而乱愈不作,所谓无法之法也。后世之法,藏天下于筐箧者也。利不欲其遗于下,福必欲其敛于上;用一人焉则疑其自私,而又用一人以制其私;行一事焉则虑其可欺,而又设一事以防其欺。天下之人共知其筐箧之所在,吾亦鳃鳃⑥然,日唯筐箧之是虞,故其法不得不密。法愈密而天下之乱即生于法之中,所谓非法之法也。

(选自《明夷待访录·原法》)

注释:

①三代:指夏、商、周三代。

②桑麻:种植桑麻。

③卒乘(shèng):步兵和战车(骑兵),泛指军队。

④祚(zuò):指国运。

⑤庶孽(niè):庶子,此处代指分封制。

⑥鳃(sāi)鳃:恐惧。

【文意疏通】

三代以上有法度可言,三代以下没有法度可言。为什么这样说呢?二帝、三王知道天下百姓要自己养活自己,于是授田

第六章 限政顺天

地给他们耕种；知道天下百姓不可以没有衣服穿，于是分土地给他们种植桑麻；知道天下百姓不可以不进行教化，于是设置了学校，对他们予以教育；又制定了婚姻之礼，以防止淫乱之事发生；又规定了兵役赋税，以防止动乱发生。这是三代以上的法度，很明显，它不是为了一己之私而设定的。后世之君主，得到天下之后，唯恐其帝王之位不长久，唯恐子孙后代不能保有君位，思虑及此，而制定了法律。但是他们所谓的法律只是君主一家一姓之法，而不是从百姓利益出发的天下之法。所以，秦朝把分封建国制改为郡县制，因为郡县属于君主私人所有；汉代实行庶孽制，是因为庶孽可以保障君主的安全；宋代解除方镇之兵，是因为方镇不利于君主，这些法度的确立何尝有一丝一毫的心是为百姓着想。这种法还能称之为法吗？

三代之法是真正为百姓着想而设立的法度：山川河泽之利益不必完全攫取，刑狱赏罚的权力也不用怀疑会旁落于人；不以身在朝廷而为贵，也不以身处乡野而为贱。及至后世，有人议论三代之法有疏漏之处，但是当时的人们却没有看到君主有所欲望，也没有见到百姓有可恶之处，法度越疏松而越没有动乱发生，这就是所谓的无法之法。后世之法是把天下之利尽归于一己之私囊，设立法度对于百姓来说没有丝毫益处，而所有福分之事恨不得尽归君主一人。君主任用了一个人就怀疑其有私心，于是又用一人以监督其私心；用人做一件事就担心其会欺骗人，于是又设置一事以防其欺骗。天下之人都知道君主私利之所在，君主也日夜担心其私利受损，于是制定出的法令不得不严密，然而，法度越严密，天下之乱就越多，这就是所谓的非法之法。

【义理揭示】

从百姓利益出发而制定的法，法令虽简而疏，却能治理天下；保障君主一家一姓的"私"法，虽法网严密，也难防作乱之人。其中的道理值得深思。

十四 有治法而后有治人

【原文选读】

论者谓一代有一代之法，子孙以法祖为孝。夫非法之法，前王不胜其利欲之私以创之，后王或不胜其利欲之私以坏之。坏之者固足以害天下，其创之者亦未始非害天下者也。乃必欲周旋于此胶彼漆之中，以博宪章①之余名，此俗儒之剿说②也。即论者谓天下之治乱不系于法之存亡。

夫古今之变，至秦而一尽，至元而又一尽。经此二尽之后，古圣王之所恻隐爱人而经营者荡然无具，苟非为之远思深览，一一通变，以复井田、封建、学校、卒乘之旧，虽小小更革，生民之戚戚终无已时也。即论者谓有治人无治法，吾以谓有治法而后有治人。自非法之法桎梏天下人之手足，即有能治之人，终不胜其牵挽嫌疑之顾盼，有所设施③，亦就其分之所得，安于苟简④，而不能有度外⑤之功名。使先王之法而在，莫不有法外之意存乎其间。其人是也，则可以无不行之意；其人非也，亦不至深刻罗网，反害天下。故曰有治法而后有治人。

(选自《明夷待访录·原法》)

第六章 限政顺天

注释：

①宪章：效法。
②剿（chāo）说：抄袭别人的言论。
③设施：布置安排。
④苟简：草率而简略。
⑤度外：法度之外。

【文意疏通】

论者认为一代有一代之法度，子孙以效法祖宗为孝。非法之法是前王为了满足其私欲而创立的，后王或许又因为该法度不能满足自己的私欲而破坏前王之法。破坏前王之法当然于天下有害，但前王之法未尝就没有祸害天下。如果一味周旋于前王之法而借以博取"法祖"之美名，这真是庸俗儒生生搬硬套别人的言论。又有人说天下的太平与否，不在于法度之存亡。

说到古今之变，到了秦代是一个终结，到了元代又是一个终结，经过这两次流变，古代圣贤明君所提倡的恻隐爱人之心在后世君主身上已经荡然无存了。如果不深思远虑，一一变通，恢复井田制、分封制、学校军队之制，那么即使是小小的变革，也会使得百姓恐惧。又有论者认为有治人而没有治法，我认为有治法然后有治人。自从非法之法束缚天下人的手足之后，即使有善于治理天下的人，终究摆脱不了这种法度的束缚与牵绊。他们即使有所安排，有所作为，也仅止于分内之事，安于简略，不可能再建立法度之外的功名。如果先王之法存在的话，就会有法度之外的意念存在于治理天下的人的心中。这样一来，如果这个人有才能，就可以做到心想事成；如果这个人水平低下，也不至于对人民实施严刑峻法，苛刻至极，有害于天下。所以说，有好的法度才会有善于治理天下的人出现。

【义理揭示】

"非法之法"与"三代之法"的区别在于，前者的出发点是一人一家之私，已经丧失了恻隐爱人之心，而后者的出发点是为百姓着想，有仁爱保民之心。为私利而立法，其法已违背了立法的初衷，必然导致统治者残虐而国家混乱。

十五 虚静以慎守前王之法

【原文选读】

夫古之天子，未尝任独断也，虚静以慎守前王之法，虽聪明神武，若无有焉，此之谓无为而治。守典章以使百工各钦①其职，非不为而固无为也。诚无为矣，则有天子而若无；有天子而若无，则无天子而若有。主虽幼，百尹②皆赞治之人，而恶用标辅政之名以疑天下哉？

（选自《读通鉴论·卷十三》）

注释：
① 钦：恭敬，敬重。
② 尹：治理，转义为有司执掌的官员。

【文意疏通】

古代的天子，没有任性独断的人，都能够做到虚静以谨慎地遵守前王的法律，即便是聪明神武，也都不表现出来，这就是所谓的无为而治。执守法典章程，让百官各自恭敬地恪守其职，天子不是不为，而是本来就没什么可做。真正做到无为，那么有天子在上而像没有一样；有天子在上而像没有一样，那么没有天子却像有一样。君主即便年幼，各位辅政官员都是善于治理天下的人，何必这样靠标榜辅政的名号而让天下人生疑呢？

【义理揭示】

虚心谨慎，恪守先王之法，无为而治，百官各司其职，表面上看，君主毫无能力与作为，实际上却通过自我限制而顺应了大道，事半功倍。

十六 法制禁令，而非所以为治也

【原文选读】

法制禁令，王者之所不废，而非所以为治也。其本在正人心，厚风俗而已。故曰："居敬而行简，以临其民。"周公作《立政》①之书曰："文王罔攸，兼于庶言、庶狱、庶慎。"又曰："庶狱、庶慎，文王罔敢知于兹。"其丁宁②后人之意可谓至矣。秦始皇之治天下之事，无大小皆决于上，上至于衡石量书，日夜有呈，不中③呈不得休息，而秦遂以亡。太史公曰："昔天下之网尝密矣，然奸伪萌起，其极也，上下相遁，至于不振④。"然则法禁之多，乃所以为趣亡之具，而愚暗之君犹以为未至也。杜子美诗曰："舜举十六相，身尊道何高。秦时任商鞅，法令如牛毛。"又曰："君看灯烛张，转使飞蛾密。"其切中近朝之事乎？汉文帝诏置三老孝弟力田常员，令各率其意，以道民焉。夫三老之卑，而使之得率其意，此文、景之治所以至于移风易俗，黎民醇厚，而上拟于成、康之盛也。

（选自《日知录·卷八》）

注释：

①《立政》：《尚书》篇名。

②丁宁：叮咛。

③中：中，通"终"。此句意为秦始皇不把呈上的文书批阅完毕不休息。

④不振：难以扭转，不能恢复。振，奋起。

【文意疏通】

　　法制禁令，王者不能不用，但不能靠它来治理天下。要治理天下，根本在于让人心端正、让风俗淳厚罢了。所以说，"要居心恭敬而行事简略地统治百姓。"周公作《立政》一书说："周文王没有办法都知道百姓的话语、各种刑狱得失以及大家应当谨慎对待的事情。"又说："各种刑狱得失和应当谨慎对待的事情，周文王都不敢自以为知悉。"叮咛嘱咐后人之意可以说很周到了。秦始皇统治天下，天下之事无论大小都由他自己来决断，以至于奏折需要用衡器来称，日夜都不断有奏折送来，看不完就不休息，然而秦王朝却就此灭亡。太史公说："从前天下法网严密，但奸诈之事仍然不断萌生，以至于上下相互逃避，国家无从拯救。"足以见得法律禁令太多，却成为加速亡国的东西，而愚昧的君主还以为做得不够。杜甫诗中写道："舜举十六相，身尊道何高。秦时任商鞅，法令如牛毛。"还写道："君看灯

烛张，转使飞蛾密。"这太切中近代以来的事情了。汉文帝下诏说，设置三老和孝弟力田作为常设官员，让他们遵循教化来引导百姓。地位低下的三老尚且能引导教化，这就是文景之治之所以能够移风易俗，使民风复归淳厚，比得上成康之治的原因。

【义理揭示】

治理之道的根本在于端正人心，使民风淳厚，在位者如果能认识到这一点，遵循天意民心的方向而行，定能让政权稳固。反之，迷信法制禁令的作用，结局反而是危险的。

十七 圣人贵措刑，不贵烦刑

【原文选读】

臣闻言有顺君意而害天下者，有逆君意而利天下者，唯忠臣能逆意，惟圣君能从利。恩敕不以臣愚微，降问当今政要，臣伏惟当今之政大体已备矣，但刑狱尚急，法纲未宽，恐非当今圣政之要者。臣观圣人用刑，贵适时变，有用有舍，不专任之。且圣人初制天下，必有凶乱之贼，叛逆之臣，而为驱除，以显圣德。圣人诛凶殄①逆，济人宁乱，必资②刑杀，以清天下，故所以务用刑也。凶乱既灭，圣道既昌，则必顺人施化，赦过宥③罪，所以致措刑也。然则圣人用刑，本以禁乱，乱静刑息，不为升平所设。何者？太平之人，悦乐于德，不悦乐于刑。以刑穷于人，人必惨怛④。故圣人贵措刑，不贵烦刑。

(选自《伯玉文集·请措刑科》)

"青青子衿"传统文化书系
法治之源

注释：

①殄（tiǎn）：消灭，灭绝。

②资：凭借。

③宥：宽容，饶恕。

④惨怛（dá）：悲伤痛苦。

【文意疏通】

　　我听说有顺应国君的心意而危害天下的人，也有违背国君的心意而造福天下的人。只有忠臣敢于违背国君不合理的心意，也只有圣君才能够听进逆耳忠言。陛下不以臣愚昧卑微，屈尊询问当前国家治理情况，我斗胆进言，当前国家施政所需的各项纲领制度大体已经齐备，但刑狱之事尚不完备，法律条文还不宽大，恐怕不是国君盛德之治的表现吧。我看古代圣人用刑罚，可贵的是能够根据世事变化而相应地调整，有取有舍，不专门用一种类型的刑罚。圣人刚刚掌管天下，必然有作奸犯科的贼人和犯上作乱的臣子，圣人需要用严刑峻法驱除这些人，以彰显圣德。圣人消灭恶人并平息叛乱，让百姓安宁，必然需要凭借刑罚来肃清天下。然而，作乱的人被消灭、国家太平以后，就需要顺应民心、广施教化，宽赦以往的罪行，以此制定好用刑的制度。然而，圣人使用刑罚，本是为了平息动乱。动乱平息了，刑罚也应该停止，严刑峻法不是为太平治世所设，这是为何呢？生活在太平治世的人，喜爱的是仁德教化，不喜欢严刑峻法。用严刑峻法把人逼到走投无路的地步，必然招致悲伤痛苦之事，因此圣人贵在制定好刑罚制度，而非真正去实施这些刑罚制度。

第六章 限政顺天

【义理揭示】

国家混乱时,需要用严刑峻法平息叛乱,消除奸邪罪恶;国家太平时,需要广施仁德教化,顺应民心,导民向善。这是治国的规律,不可不慎。

中国古代很早就有了"限政"思想的萌芽。先秦时期已经产生了反对暴君的思想,比如,孟子就曾怒斥暴君是"独夫""民贼",并说"民为贵,社稷次之,君为轻",体现了可贵的民本思想。《尚书》里的《泰誓》篇说"天矜于民,民之所欲,天必从之",这里隐含着"君权民授"的思想。汉代董仲舒提出"三者,天、地、人也,而参(叁)通之者,王也",曲折道出政治权利的三重合法性:"天"指超越神圣的合法性,"地"指历史传统的合法性,"人"指人心民意的合法性。

儒家并不认为法是统治者意志的体现,而主张立法乃是"法天而立道",所以人间之法令理所应当要接受"天"的检验。儒家是不承认恶法的,汉儒荀悦说:"设必犯之法,不度民情之不堪,是陷民于罪也。"儒家认为,"法不外乎人情",人情,即人民之习惯、风俗。儒家相信,立法既然是"法天",就要"因人之情",只有上遵"天理"、下因"人情"的法,才是好的国法。儒家的礼法,有着广泛的约束力,不仅约束庶民,也约束君主,君若不君,诸侯可发兵征伐,以武力恢复礼的秩序,所谓"凡君不道于其民,诸侯讨而执之"是也。即使贵为君主，若违背礼法，也是不可以的。

《史记·张释之列传》的小故事里，张释之坚持自己的主张，按律判决，并向汉文帝提出了一个观点："法者，天子所与天下公共也。"意思是说，法律是君主与天下万民都要共同遵守的，皇帝也不可以以权压法。在儒家看来，合宜的法律不是"发明"出来的，而是"发现"出来的，也即"因俗制礼""则天垂法"，从习惯法与自然法中发现人间法，这意味着即使是掌握了最高权力的君主，也不能成为专断、全能的立法者，这一点与法家的"人主为法于上"的君本位法律思想截然不同。

明末的黄宗羲在前人"限政"思想的基础上，更进一步揭露了专制法律的性质和危害，认为三代以后的君主，专谋一己之利，视天下为一家的产业，为天下之大害，为民众之寇仇，已完全丧失了"设君之道"，主张用"天下之法"取代"一家之法"，重新明确"设君之道"，限制君权，以减少君主对天下的危害。他指出："天下之治乱，不在一姓之兴亡，而在万民之忧乐。"与此相应，他提出了诸如发挥学校议政的功能、端正君臣关系、恢复宰相制度、扩大地方的权力等一系列限政主张。虽然黄宗羲的这一思想仍源于儒家的民本思想，并未突破君主政体的范围，但对中国近代法律思想的产生具有较大的启蒙意义。

文化传递

法治最重要的功能之一就是防止、束缚专横的政治权力。任何权力，不管其动机如何高尚，一旦失去约束，都有可能走向专横的一面。正如孟德斯鸠在《论法的精神》中所说的，美

第六章 限政顺天

德本身也需要约束。只要有政府行为的地方，就有可能产生权力的失控。不仅专制独裁者的权力会恶性膨胀，以民主方式产生的民主政府权力也可能走向正义的反面。因此，法律必须对政府权力进行严格的规约和限制，确保不可剥夺、不可侵犯、不可让渡的基本人权不受任何专横权力的践踏，确保政府的一切行为都不逾越既定法律所认可的范围。

这就产生了"有限政府"的概念。有限政府是政府权力受到社会和公民限制的政府，而在现代社会，这样的政府必定是法治政府。法治追求的是权力的制衡，西方"三权分立"思想正是对这一观念的现实注解。唯有法治政府才能成为有限政府，因为法治的目的就是协调政府与公民之间的权利和义务，实现政府和公民之间的相互制衡，确保政府权力行使的范围、力度和规模都受到严格限制。

当然，也许会有人提出质疑，有限政府将政府的一切行为都进行了严格的限制与规范，那是否会影响甚至削弱政府行为的效率？其实，有限政府与有效政府并不矛盾，有限政府是确保政府行为真正"有效"的前提和保障。

与有限政府概念相对立的是无限政府。所谓无限政府，简单地讲就是政府权力不受来自下级的和独立的权力机构的约束，而只受制于直接上级。这就形成了一种类似食物链的权力结构，而处于食物链最顶端者，就拥有了最大、最不受约束的权力。我国古代的封建帝王制度就是一种典型的无限政府制度。以皇帝为核心的朝廷（中央政府），其职能、权力和行为具有无限扩张性，几乎不受任何法律或社会力量的约束，从而往往走向两种极端——事必躬亲的"好皇帝"和事必插手的"坏皇帝"。然而，无论是事必躬亲还是事必插手，都不是符合现代社会运行理念与规律的行为。

几千年的封建帝王统治，在很大程度上让无所不包、无所不能的无限政府思想渗透进了我国古代政治生活的方方面面。

如果说在古代，改变无限政府状况唯一的希望就是统治者的自我约束，那么在现代社会，则主要依靠法治。法治是权力制衡的有效手段，因而也是医治无限政府痼疾的一剂良药。法治以契约的形式，既给政府提供了行为的合法性依据与保障，同时也提供了相应的约束和管控手段。政府依据法律，代替每一个具体的公民履行处理公共事务的职能；与此同时，由于公共权力是由每一个公民通过法律的形式让渡的，因而政府行为必须接受普遍的监督。较之于统治者的自我约束，法律具有更强的恒常性与稳定性，因此大大降低了任意的、不负责任的专断权力干扰、破坏社会运行与人民生活的可能性，维持了政府施政的合理性、稳定性和连续性。

文化感悟

1. 中国古代"限政"思想有何意义与局限？
2. 试析"限政"思想在今日中国的体现。
3. 你如何理解"要把权力关进笼子里"？

第七章　心系小民

一　郑人铸刑书

【原文选读】

三月，郑人铸刑书①。

叔向使诒子产书②，曰："始吾有虞③于子，今则已④矣。昔先王议事以制⑤，不为刑辟⑥，惧民之有争心⑦也。犹不可禁御⑧，是故闲之义⑨，纠之以政⑩，行之以礼，守之以信，奉之以仁⑪，制为禄位以劝其从⑫，严断刑罚以威其淫⑬。惧其未也⑭，故诲之以忠，耸⑮之以行，教之以务⑯，使之以和⑰，临之以敬⑱，莅之以强⑲，断之以刚⑳。犹求圣哲之上，明察之官㉑，忠信之长，慈惠之师，民于是乎可任使也，而不生祸乱。民知有辟，则不忌于上㉒，并有争心，以征于书㉓，而徼幸㉔以成之，弗可为矣。夏有乱政㉕而作《禹刑》，商有乱政而作《汤刑》，周有乱政而作《九刑》，三辟之兴，皆叔世㉖也。今吾子相郑国，作封洫㉒，立谤政㉓，制参㉔辟，铸刑书，将以靖㉕民，不亦难乎？《诗》曰：'仪式刑文王之德，日靖四方㉛。'又曰：'仪刑文王，万邦作孚㉜。'如是，何辟之有㉝？民知争端矣，将弃礼而征于书。锥刀之末㉞，将尽争之。乱狱滋丰，贿赂并行，终子之世，郑其败乎！肸闻之：'国将亡，必多制'，其此之谓乎！"

复书曰："若吾子之言，侨不才，不能及子孙，吾以救世也。既不承命，敢忘大惠㉟？"

(选自《左传·昭公六年》)

注释：

①铸刑书：将法律条文铸造于青铜器具之上，即铸刑鼎，将成文法公布于众。

②叔向使诒子产书：叔向派人送给子产一封信。叔向，羊舌肸，字叔向。子产，公孙侨，郑国政治家。

③虞：望，期待，希望。

④已：停止，完。

⑤先王议事以制：指先王度量事之轻重，而据以断罪。议，读为"仪"，度也。制，断也。

⑥不为刑辟：不预先设置刑法。辟，法。

⑦争心：争辩之心。

⑧犹不可禁御：还是不能防止犯罪。犹，尚且，还。禁御，禁止，防御。

⑨闲之以义：用道义约束百姓，使其言行符合要求。闲，防。

⑩纠之以政：用政令约束百姓。纠，约束。

⑪奉之以仁：用仁爱之心来抚育百姓。奉，养。

⑫制为禄位以劝其从：立官品高下俸禄厚薄之制以勉励顺从教诲者。禄，俸禄。位，官职。

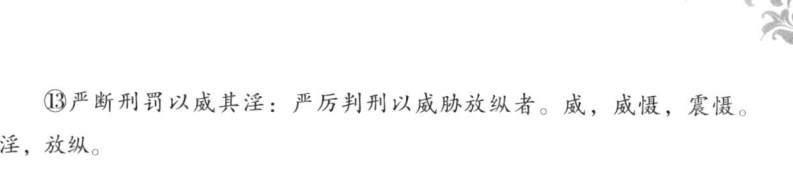

⑬严断刑罚以威其淫：严厉判刑以威胁放纵者。威，威慑，震慑。淫，放纵。

⑭惧其未也：犹恐未能奏效。

⑮竿：奖励。

⑯务：专业。

⑰使之以和：用和悦的态度役使百姓。

⑱敬：严肃认真。

⑲强：威严。

⑳断之以刚：有违犯者则坚决判刑。断，裁决。

㉑圣哲之上，明察之官：上，执政之卿。官，主事之官。

㉒民知有辟，则不忌于上：指民众将依据法律，而于统治者不敬。忌，敬。

㉓并有争心，以征于书：人人有相争之心，各引行旅为己征。

㉔徼幸：通"侥幸"。

㉕乱政：民有犯政令者。

㉖叔世：叔季之世，即末世，政权衰落的年代。

㉗作封洫（xù）：封，疆界。洫，田间的水沟。

㉘立谤政：设置毁谤政事的条例。

㉙参：同"三"，《晏子·谏篇下》中有"三辟著与国。"

㉚靖：安。

㉛仪式刑文王之德，日靖四方：语出《诗经·周颂》。仪、式、刑，皆法。

㉜仪刑文王，万邦作孚：语出《诗经·大雅·文王》。孚，信。作，始。

㉝何辟之有：指不必有法律。

㉞锥刀之末：指刑书的每字每句。铸刑书须先刻字于模具上，锥刀指刻字的工具。

㉟既不承命，敢忘大惠：虽不能遵从您的指教，但哪里敢忘记您的大恩呢？这两句是信末客套语。承，遵从，接受。敢，岂敢，表反问。

【文意疏通】

三月,郑国把刑法铸在鼎上。

叔向派人送给子产一封信,说:"开始我对您寄予希望,现在却没有了。从前先王衡量事情的轻重来断定罪行,不制定刑法,这是害怕百姓有争夺之心。还是不能防止犯罪,因此用道义来防范,用政令来约束,用礼仪来奉行,用信用来保持,用仁爱来奉养。制定禄位,以勉励服从的人,严厉地判罪,以威胁放纵的人。还唯恐不能收效,所以用忠诚来教诲他们,根据行为来奖励他们,用专业知识技艺教导他们,用和悦的态度役使他们,用严肃认真的态度对待他们,用威严的态度莅临指导他们,用坚决的态度裁断他们的罪行。还要访求聪明贤能的卿相、明白事理的官员、忠诚守信的乡长、慈祥和蔼的老师,百姓在这种情况下才可以被役使,而不会发生祸乱。百姓知道有法律,就对君主不恭敬。大家都有争夺之心,各引法律为己征,侥幸获得成功,君主就不能治理了。夏朝有违犯政令的人,就制定了禹刑。商朝有触犯政令的人,就制定了汤刑。周朝有触犯政令的人,就制定了九刑。三种法律,都产生于末世。现在您辅佐郑国,划定田界水沟,设置毁谤政事的条例,制定三种法规,把刑法铸在鼎上,准备用这样的办法安定百姓,不也是很难的吗?《诗》说:'效法文王的德行,每天抚定四方。'又说:'效法文王,万邦信赖。'像这样,何必要有法律?百姓知道了争夺的依据,将会丢弃礼仪而重用刑书,刑书的一字一句,都要争个明白。触犯法律的案件更加繁多,贿赂行为到处都有。在您活着的时候,郑国恐怕要衰败吧!肸听说：'国家将要灭亡，必然多定法律'，恐怕说的就是这个吧！"

子产复信说："像您所说的这样。侨没有才能，不能考虑到子孙，我是用铸刑鼎来挽救当前的世界的。虽然不能接受您的指教，但岂敢忘了您的恩惠呢？"

【义理揭示】

叔向告诫子产，刑多则国乱。要心中存有百姓，用礼义和教化去引导他们，不能一味依赖刑法去震慑和威吓他们。铸刑于鼎，只会导致百姓的不恭敬和犯罪。

二 五声·八辟·三刺

【原文选读】

以五声听狱讼，求民情：一曰辞听，二曰色听，三曰气听①，四曰耳听，五曰目听。

以八辟丽邦法②，附刑罚：一曰议亲之辟，二曰议故之辟，三曰议贤之辟，四曰议能之辟，五曰议功之辟，六曰议贵之辟，七曰议勤之辟，八曰议宾之辟。

以三刺③断庶民狱讼之中：一曰讯群臣，二曰讯群吏④，三曰讯万民，听民之所刺宥⑤，以施上服下服⑥之刑。

（选自《周礼·秋官司寇·小司寇》）

注释：

①气听：依据气息听断，如诉讼之人理亏心虚，吐气则喘。

②八辟丽邦法：以八种议罪法并附以国法来议人之罪，看是否可以从

宽处理。丽，附。

③刺：探、讯。

④群吏：地方官。

⑤听民之所刺宥：民，在此包括群臣、群吏之言。刺，杀。宥，宽宥。

⑥上服下服：上刑、下刑，即重刑、轻刑。

【文意疏通】

依据五个方面来听断诉讼，求得诉讼人的实情：一是依据言辞听断，二是依据神色听断，三是依据气息听断，四是依据听觉听断，五是依据眼神听断。

用八种议罪法并附以国法来议论一个人是否能被减罪，而后再附以诸刑罚：一是对王的亲族的议罪法，二是对王的故旧的议罪法，三是对廉吏的议罪法，四是对有才能者的议罪法，五是对有大功勋者的议罪法，六是对地位尊贵者的议罪法，七是对勤劳国事者的议罪法，八是对宾客的议罪法。

通过三次讯问来使对平民诉讼的审判正确无误：一是讯问群臣，二是讯问群吏，三是讯问民众。听从他们的意见来决定诛杀或从宽，决定使用重刑或轻刑。

【义理揭示】

为政者心系百姓，表现在刑罚上，便是多方听讼，谨慎议罪，公正判决。立法者当抱有仁慈宽厚之心，刑罚之意不在虐杀，而在惩戒。

第七章 心系小民

三 司 刺

【原文选读】

司刺掌三刺、三宥、三赦之法,以赞司寇听狱讼。一刺曰讯群臣,再刺曰讯群吏,三刺曰讯万民。一宥曰不识①,再宥曰过失,三宥曰遗忘。一赦曰幼弱,再赦曰老旄②,三赦曰蠢愚。以此三法者求民情,断民中③,而施上服下服之罪,然后刑杀。

(选自《周礼·秋官司寇·司刺》)

注释:

①识:审,知道。
②老旄:即老耄,年老的人。
③中:不偏不倚。

【文意疏通】

司刺掌管三次讯问、三种宽宥、三项赦免之法,以协助大司寇审理诉讼。三讯分别是:一讯是讯问群臣的意见,二讯是讯问群吏的意见,三讯是讯问民众的意见。三宥分别是:一是宽宥看错人而杀人者,二是宽宥无心而误杀人者,三是宽宥忘了某处有人而误杀人者。三赦分别是:一是赦免年龄幼小而杀人者,二是赦免年老而杀人者,三是赦免痴呆而杀人者。用这三法求得人犯罪的实情,使对犯人的审断正确,而决定是重罪或轻罪,然后施刑或处死。

【义理揭示】

三刺、三宥、三赦,其具体内容很好地体现了人道主义原则，对于判罪用刑，一是慎重，二是宽厚仁慈。其中，对年龄幼小者和痴呆者的赦免，与今天的法律精神颇相吻合。

四 晏子谏景公

【原文选读】

景公藉重而狱多①，拘者满圄②，怨者满朝。晏子谏，公不听。公谓晏子曰："夫狱，国之重官也，愿托之夫子。"

晏子对曰："君将使婴敕其功③乎？则婴有一妾能书，足以治之矣。君将使婴敕其意乎？夫民无欲残其家室之生，以奉暴上之僻者，则君使吏比而焚之而已矣④。"

景公不说，曰："敕其功，则使一妾，敕其意则比焚。如是，夫子无所谓能治国乎！"

晏子曰："婴闻与君异。今夫胡、貉、戎、狄⑤之蓄狗也，多者十有余，寡者五六，然不相害伤。今束鸡豚⑥妄投之，其折骨决⑦皮，可立得也。且夫上正其治，下审其论⑧，则贵贱不相逾越。今君举千钟爵禄，而妄投之于左右，左右争之，甚于胡狗，而公不知也。寸之管无当⑨，天下不能足之以粟。今齐国丈夫耕，女子织，夜以接日，不足以奉上，而君侧皆雕文刻镂之观，此无当之管也，而君终不知。五尺童子⑩，操寸之烟⑪，天下不能足以薪⑫。今君之左右，皆操烟之徒，而君终不知。钟鼓成肆⑬，干戚成舞⑭，虽禹不能禁民之观。且夫饰民之欲，而严其听，禁其心，圣人所难也，而况夺其财而饥之，劳其力而疲之，常致其苦而严听其狱，痛诛其罪，非婴所知也。"

（选自《晏子春秋·内篇·谏下第二》）

第七章 心系小民

注释：

①藉重而狱多：赋税沉重，诉讼繁多。藉，赋税。狱，诉讼。

②圄（yǔ）：监狱。

③敕其功：整顿诉讼之事。敕，整饬。功，事。

④比而焚之而已矣：指逐户烧掉债券就可以了，是说用此法使民心归附。

⑤胡、貉（hé）、戎、狄：指当时北部边境的少数民族（林胡、山戎、北狄、赤狄等）。

⑥豚（tún）：小猪。

⑦决：通"抉"，挖出，挖掉。

⑧论：通"伦"，伦理。

⑨当：器物的底部。

⑩五尺童子：泛指儿童。

⑪烟：火把。

⑫薪：柴。

⑬钟鼓成肆：钟鼓，古代乐器。肆，列。

⑭干（gàn）戚（qī）成舞：手持兵器跳舞。古代手持兵器跳武曲，表示偃武修文之意。干戚，泛指兵器。干，盾牌。戚，大斧。

【文意疏通】

景公在位时赋敛沉重，诉讼繁多，被拘捕的人塞满了监狱，怨恨的人充满了朝野。晏子劝谏，景公不听。景公对晏子说："监狱，是国家重要的官署，我希望把它托付给先生您。"

晏子回答说："您想让我整顿诉讼的事情吗？那么，我有一个能胡乱书写的人，就足够把诉讼治理好了。您想让我安顿民心吗？民众没有谁想弄得自己家破人亡来供奉贪婪残暴的君主享乐。那么，您让官吏挨家挨户诛灭他们就可以了。"

景公听了以后很不高兴，说："让你整顿诉讼之事，你认为胡乱派一个人就行了；让你安顿民心，你就说一家家地诛灭。这么说来，先生您就不是所谓的能够治理国家的人了！"

晏子说："我听说的与君王不同。那些胡、貉、戎、狄之人养狗，多的人家养十多条，少的人家也养五六条，可是这些狗之间并不会相互伤害。如果把捆好的鸡和小猪随便扔给它们，那么它们争抢得咬断骨骼、撕裂皮肤的情景，立刻就可以看到了。居上位的人处事公正，处下位的人按照伦理行事，那么就会贵贱分明，不会发生等级混乱的事情。现在您拿着这么高的俸禄，随便扔给身边的人，这些人争权夺利，比胡人的狗还厉害，可是您却不了解这些。一寸粗的管子，如果没有底，普天下的粮食都不能把它装满。现在齐国的男子耕田，女子纺织，他们夜以继日地工作，也不够供奉君王，而君王身边到处都是雕花刻纹的观赏之物，这就是无底的管子，而君王竟然没有意识到。小小的孩童，拿着很短的火把，普天下的柴草都不够烧的。现在您身边的人，都是拿着火把的人，可是您竟然没有意识到。排列好钟鼓等乐器奏乐，拿着盾牌和大斧跳舞，即使是大禹这样的君主也不能禁止人们观看。况且抑制百姓的欲望，严格控制他们的听闻，禁锢他们的思想，即使是圣人也难以办到，更何况掠夺人民的钱财使他们忍饥挨饿，征用他们的劳力使他们精疲力竭，经常给他们带来痛苦，却严厉地处理他们的案件，狠狠地惩罚他们的罪过，这些做法不是我所能够理解的。"

第七章 心系小民

【义理揭示】

统治者横征暴敛,贪得无厌,却企图依靠严厉的刑法去治理百姓,使国家安定有序,这简直是痴人说梦。晏子十分睿智地用形象的譬喻告诫景公,居上位者必须有仁慈之心,想民众之所想,才能真正整顿诉讼,安定民心。

五 景公问明王之教

【原文选读】

景公问晏子曰:"明王之教民何若?"

晏子对曰:"明其教令,而先之以行义;养①民不苛,而防之以刑辟②;所求于下者,不务于上;所禁于民者,不行于身。守于民财,无亏之以利,立于仪法,不犯之以邪,苟所求于民,不以身害之,故下从其教也。称事以任民,中听③以禁邪,不穷之以劳,不害之以罚,苟所禁于民,不以事逆之,故下不敢犯其上也。古者百里而异习,千里而殊俗,故明王修道,一民同俗,上以爱民为法,下以相亲为义,是以天下不相遗,此明王教民之理也。"

(选自《晏子春秋·内篇·问上第三》)

注释:

①养:养育。

②刑辟:刑法,刑律。

③中听：公平公正地听讼。

【文意疏通】

景公问晏子："贤明的君王教化民众应该怎样做？"

晏子回答："彰明教化的政令，而自己率先行动做出表率；养育民众不苛求，而是用刑律来防备；对老百姓提出的要求，居高位的人首先就要做到；禁止老百姓做的事情，居高位的人自己也不能做。守护人民的财产，不要因为一己私利而伤害人民的利益，树立法度，不做邪恶的事情触犯法律。如果对老百姓有所要求，不因自身需求而伤害百姓，这样老百姓就会勉力顺从教化。度量事情轻重以顺应老百姓的需求，公平听讼以禁止邪恶，不以劳役使民众困顿，不以刑罚使民众受到伤害，如果对民众有所禁止，就不要以事情使他们违背禁令，所以下级不敢侵犯上级。古时候百里之外就有不同习惯，千里之外就有不同的习俗，所以贤明的君王治国理政，需要统一民众、同化风俗，君主以爱民为准则，民众以互相亲近为道义，因此天下之人不互相遗弃，这就是贤明的君王教化民众的道理。"

【义理揭示】

晏子明确提出了一些治国的原则，比如在上者要以身作则，守护民财，顺应民心等等，一句话，心中有百姓的君主，才能教化百姓。

第七章　心系小民

六　发宪出令，设以为赏罚以劝贤

【原文选读】

是故古之圣王，发宪出令，设以为赏罚以劝贤。是以入则孝慈①于亲戚，出则弟②长于乡里，坐处有度，出入有节，男女有辨。是故使治官府，则不盗窃；守城，则不崩叛。君有难则死，出亡则送。此上之所赏，而百姓之所誉也。执有命者之言曰："上之所赏，命固且赏，非贤故赏也；上之所罚，命固且罚，不暴故罚也。"是故入则不慈孝于亲戚，出则不弟长于乡里，坐处不度，出入无节，男女无辨。是故治官府，则盗窃；守城，则崩叛。君有难则不死，出亡则不送。此上之所罚，百姓之所非毁也。执有命者言曰："上之所罚，命固且罚，不暴故罚也；上之所赏，命固且赏，非贤故赏也。"以此为君则不义，为臣则不忠，为父则不慈，为子则不孝，为兄则不良，为弟则不弟。而强执此者，此特凶言之所自生，而暴人之道也。

(选自《墨子·非命上》)

注释：

①孝慈：对父母的孝敬奉养。
②弟（tì）：通"悌"，敬爱兄长。

【文意疏通】

所以古时候的圣王颁布宪法和律令，设立赏罚制度以鼓励贤人。因此贤人在家对双亲孝顺敬爱，在外能尊敬乡里的长辈。举止有节度，出入有规矩，男女之间有礼有节。因此使他们治理官府，则没有盗窃；使他们守城，则没有叛乱。君有难则可以殉职，君逃亡则会护送。这些人都是上司所赞赏，百姓所称誉的。主张"有命"的人说："上司赞赏，是命里本来就该赞赏，并不是因为贤良才赞赏的；上司惩罚，是命里本来就该惩罚的，不是因为凶暴才惩罚的。"所以恶人在家对双亲不孝顺敬爱，在外对乡里长辈不尊敬。举止没有节度，出入没有规矩，男女之间不遵守应有的礼节。所以他们治理官府，则会发生盗窃；使他们守城，则会叛乱。君有难而不殉职，君逃亡则不会护送。这些人都是上司所惩罚，百姓所毁谤的。主张"有命"的人说："上司惩罚，是命里本来就该惩罚，不是因为他凶暴才惩罚的；上司赞赏，是命里本来就该赞赏，不是因为贤良才赞赏的。"以这种观点来做国君则不义，做臣下则不忠，做父亲则不慈爱，做儿子则不孝顺，做兄长则不良，做弟弟则不悌。而顽固地坚持这种观点，则简直是恶言产生的根源，是凶暴之人的道理。

【义理揭示】

颁行律法，设立奖惩制度，最要紧的是"目中有人"，其目的是赏善惩恶，弘扬教化，使民众知礼守礼。"有命"之说是极端错误的，它无视法的积极作用和价值。

七 法令稍近古而便民

【原文选读】

三年复下诏曰："高年老长，人所尊敬也；鳏寡不属逮者①，

第七章 心系小民

人所哀怜也。其著令②：年八十以上，八岁以下，及孕者未乳、师、朱儒，当鞠系者，颂系之③。"至孝宣元康四年，又下诏曰："朕念夫耆老之人，发齿堕落，血气既衰，亦无逆乱之心，今或罗于文法，执于囹圄，不得终其年命，朕甚怜之。自今以来，诸年八十非诬告、杀伤人，它皆勿坐。"至成帝鸿嘉元年，定令："年未满七岁，贼斗杀人及犯殊死者，上请廷尉以闻，得减死。"合于三赦幼弱、老眊之人。此皆法令稍近古而便民者也。

孔子曰："如有王者，必世而后仁；善人为国百年，可以胜残去杀矣。"言圣王承衰拨乱而起，被民以德教，变而化之，必世然后仁道成焉；至于善人，不入于室，然犹百年胜残去杀矣。此为国者之程式也。今汉道至盛，历世二百余载，考自昭、宣、元、成、哀、平六世之间，断狱殊死，率岁千余口而一人，耐罪上至右止，三倍有余。古人有言："满堂而饮酒，有一人乡隅而悲泣，则一堂皆为之不乐。"王者之于天下，譬犹一堂之上也，故一人不得其平，为之凄怆于心。今郡、国被刑而死者岁以万数，天下狱二千余所，其冤死者多少相覆，狱不减一人，此和气所以未洽者也。

（选自《汉书·刑法志》）

注释：

① 鳏（guān）寡不属（zhǔ）逮者：鳏，老而无妻。寡，丧夫妇女。属逮，接续后代。

② 著令：公布法令。著，明显，引申为公布。

③ 当鞠（jū）系者，颂系之：鞠系，审讯拘押。颂，通"容"，宽容。颂系，宽容收禁，指虽拘禁而不加桎梏等刑具。

【文意疏通】

过了三年又下令说："年龄高的老人长辈,是人人应尊敬的;没有依靠的鳏寡孤独者,是人们应哀怜的。应颁布命令:年龄在八十岁以上的老人,八岁以下的儿童,怀孕了还没生产的妇女,乐师、侏儒,应当审讯拘捕的,可被宽容,不带刑具。"到孝宣帝元康四年,又下诏令说:"朕悯念老年人,头发和牙齿都掉落,血气已经衰弱,也就没有凶暴叛逆的念头,现在有老人陷入莫须有的罪行之中,被关在牢房,不得善终,朕很怜悯他们。从今以后,所有年龄在八十岁以上的罪犯,除了诬告、杀伤之外,其他的罪都不要判刑。"到成帝鸿嘉元年,制定法令:"年龄不满七岁,打架斗殴杀人者以及犯下斩首死罪的人,向上请示廷尉,让他们知道,得以免死。"同三赦幼弱、年老人的法令相结合。这些法令都是和古代的法令相近似而且对百姓有利的。

孔子说:"如果有称王的人,一定要经过三十年仁政才成;有道德的人治理国家一百年,可以战胜邪恶不进行杀戮。"这是说英明的君王在衰败混乱的时代崛起,把道德教化施与民众,对民众加以感化使之改变,一定要过三十年然后仁政才能形成;至于有道德的人,虽不被列入圣人之列,但也要百年才能战胜邪恶不进行杀戮。这是治理国家的程式。现在汉朝道运极盛,经过了两百多年,考察从昭帝、宣帝、元帝、成帝、哀帝到平帝这六代之间,被判处死刑的,大概每年一千多人中只有一人;从被判耐罪向上到被判斩右脚的刑罚的,大概每年一千人中有三人。古代的人曾说:"满屋的人饮酒,有一人向着墙壁哭泣,那么一屋的人都为此感到不高兴。"帝王对于天下,就好

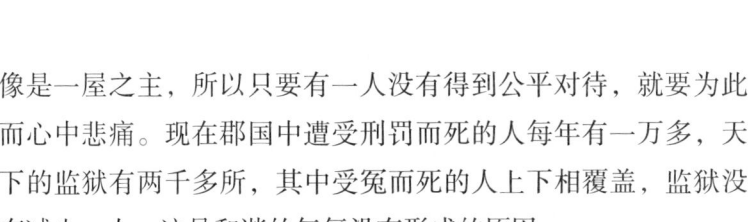

像是一屋之主,所以只要有一人没有得到公平对待,就要为此而心中悲痛。现在郡国中遭受刑罚而死的人每年有一万多,天下的监狱有两千多所,其中受冤而死的人上下相覆盖,监狱没有减少一人,这是和谐的气氛没有形成的原因。

【义理揭示】

刑法是杀人和惩罚人的,但设法和执法者当怀不杀、不惩的仁爱之心,推行教化,广施德政。君主当心系天下万民,以德化人,才能成就"圣君"之业。

八 贫富异刑而法不壹

【原文选读】

民函明阳之气,有好义欲利之心,在教化之所助。尧在上,不能去民欲利之心,而能令其欲利不胜其好义也;虽桀在上,不能去民好义之心,而能令其好义不胜其欲利也。故尧、桀之分,在于义利而已,道①民不可不慎也。今欲令民量粟以赎罪,如此则富者得生,贫者独死,是贫富异刑而法不一也。人情,贫穷,父兄囚执,闻出财得以生活,为人子弟者将不顾死亡之患,败乱之行,以赴财利,求救亲戚。一人得生,十人以丧,如此,伯夷②之行坏,公绰③之名灭。政教一倾,虽有周、召④之佐,恐不能复。古者臧⑤于民,不足则取,有余则予。《诗》曰"爰及矜人⑥,哀此鳏寡",上惠下也。又曰"雨我公田⑦,遂及我私",下急上也。今有西边之役,民失作业,虽户赋口敛⑧以赡其困乏，古之通义，百姓莫以为非。以死⑨救生，恐未可也。陛下布德施教，教化既成，尧、舜亡⑩以加也。今议开利路以伤既成之化，臣窃痛之。

(选自《汉书·萧望之传》)

注释：

①道：同"导"，引导，教导。

②伯夷：相传商周之际的义士，忠于商朝，与其弟叔齐不食周粟而死。

③公绰：春秋时鲁大夫孟公绰，孔子曾称他"不欲"。

④周、召：西周时周公旦、召公奭（shì）。

⑤臧：同"藏"。

⑥矜人：语出《诗经·小雅·鸿雁》。可哀矜之人，指贫弱者。

⑦雨（yù）我公田：语出《诗经·小雅·大田》。意为先公后私。雨，活用为动词，下雨。公田，古代井田制，中区为公田。

⑧户赋口敛：率户而赋，计口而敛。

⑨死：拼命送死。

⑩亡：通"无"。

【文意疏通】

民众有邪正两种本性，既有坚守正义的心愿，又有追逐利益的欲望，全在于教化的引导。即使尧来治理国家，也不能完全去除民众追逐利益的欲望，却能让他们的逐利之欲不胜过他们的守义之心；即使桀在统治国家，也不能完全去除民众坚守正义的愿望，却能让他们的守义之心不胜过他们的逐利之欲。所以尧、桀的分别，不过在于正义和利益两个方面的胜负而已，引导民众不可以不谨慎。现在想让民众捐粮食来赎罪，这

第七章 心系小民

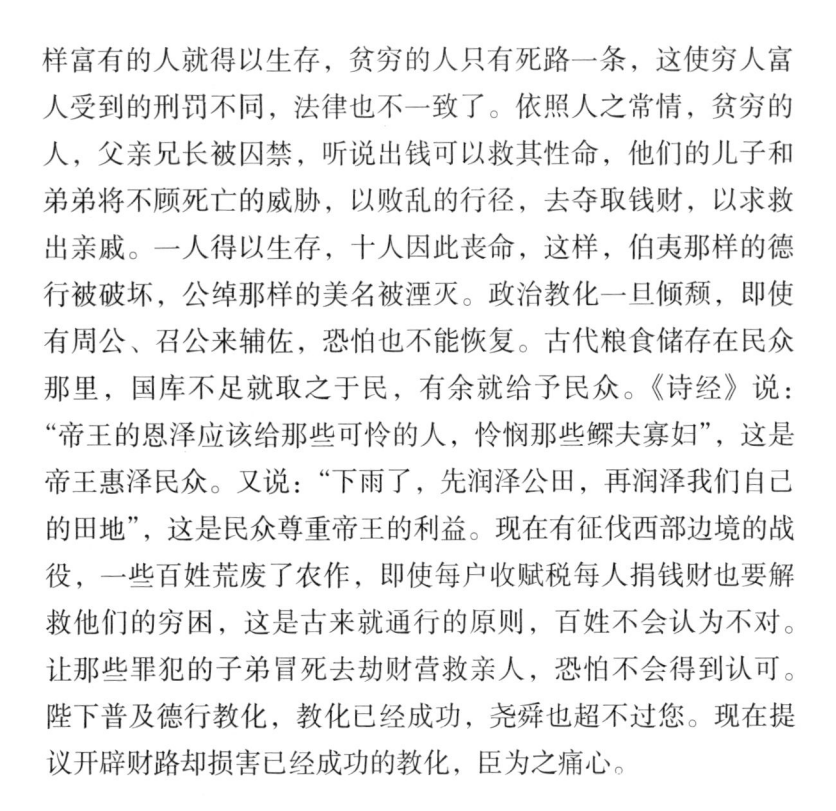

样富有的人就得以生存，贫穷的人只有死路一条，这使穷人富人受到的刑罚不同，法律也不一致了。依照人之常情，贫穷的人，父亲兄长被囚禁，听说出钱可以救其性命，他们的儿子和弟弟将不顾死亡的威胁，以败乱的行径，去夺取钱财，以求救出亲戚。一人得以生存，十人因此丧命，这样，伯夷那样的德行被破坏，公绰那样的美名被湮灭。政治教化一旦倾颓，即使有周公、召公来辅佐，恐怕也不能恢复。古代粮食储存在民众那里，国库不足就取之于民，有余就给予民众。《诗经》说："帝王的恩泽应该给那些可怜的人，怜悯那些鳏夫寡妇"，这是帝王惠泽民众。又说："下雨了，先润泽公田，再润泽我们自己的田地"，这是民众尊重帝王的利益。现在有征伐西部边境的战役，一些百姓荒废了农作，即使每户收赋税每人捐钱财也要解救他们的穷困，这是古来就通行的原则，百姓不会认为不对。让那些罪犯的子弟冒死去劫财营救亲人，恐怕不会得到认可。陛下普及德行教化，教化已经成功，尧舜也超不过您。现在提议开辟财路却损害已经成功的教化，臣为之痛心。

【义理揭示】

　　立法，要考虑到社会最底层的人民，如果穷人和富人犯相同的罪，受到的惩罚却不一致，这就是法律的不公正。不公正的法律必然会造成政治教化倾颓，社会德行败坏，国家动乱不安。

九 与其杀不辜，宁失不经

【原文选读】

臣闻秦有十失，其一尚存，治狱之吏是也。秦之时，羞文学，好武勇，贱仁义之士，贵治狱之吏；正言者谓之诽谤，遏①过者谓之妖言。故盛服先生不用于世，忠良切言，皆郁②于胸，誉谀之声，日满于耳；虚美熏③心，实祸蔽塞。此乃秦之所以亡天下也。方今天下赖陛下恩厚，亡金革之危，饥寒之患，父子夫妻戮力安家，然太平未洽者，狱乱之也。夫狱者，天下之大命也，死者不可复生，绝者不可复属。《书》曰："与其杀不辜，宁失不经④。"今治狱吏则不然，上下相驱⑤，以刻为明，深者获公名，平者多后患。故治狱之吏皆欲人死，非憎人也，自安之道在人之死。是以死人之血流离于市，被刑之徒比肩而立，大辟之计岁以万数，此仁圣之所以伤也。太平之未洽，凡以此也。夫人情安则乐生，痛则思死。棰楚之下，何求而不得？故囚人不胜痛，则饰辞以视⑥之；吏治者利其然，则指道以明之；上奏畏却，则锻练而周内之⑦。盖奏当⑧之成，虽咎繇⑨听之，犹以为死有余辜。何则？成练者众，文致之罪明也。是以狱吏专为深刻，残贼而亡极，偷为一切，不顾国患，此世之大贼也。故俗语曰："画地为狱，议不入；刻木为吏，期不对。"此皆疾吏之风，悲痛之辞也。故天下之患，莫深于狱；败法乱正，离亲塞道，莫甚乎治狱之吏。此所谓一尚存者也。

（选自《汉书·路温舒传》）

第七章　心系小民

注释：

①遏：遏止。

②郁：积。

③熏：气蒸。

④与其杀不辜，宁失不经：语出《尚书·虞书·大禹谟》。是说人命至重，治狱宜慎，宁可不依常法，也不能错杀无辜。辜，罪。经，常。

⑤驱（qū）：驱使。

⑥视：即"示"。

⑦锻练而周内之：指狱吏精熟弄法之道，致使人获罪。

⑧当：判罪。

⑨咎繇（gāo yáo）：即皋陶，善听狱讼，故引以为喻。

【文意疏通】

我听说秦朝有十大过失，其中之一现在还存在着，那就是审理刑狱的官吏。秦统治的时候，轻视文献经典，喜欢武力和勇猛，鄙视仁义之士，尊崇刑狱之官；正言进谏被当作诽谤，指陈过失被看作妖言。所以品德高尚的人不受重用，忠诚之心、恳切之言都只能藏在胸中，阿谀奉承之声不绝于耳；君主被虚假的赞颂迷惑了心窍，对现实的祸患却视而不见。这是秦朝丧失天下的原因。现在天下之人承蒙您的大恩大德，没有战争的危险，也没有饥寒的苦难，父子夫妻齐心尽力，建设家园，然而还没有真正实现天下太平，这是因为刑狱的破坏。刑狱是国家治乱的关键，死去的人不可能再活过来，肢体被割断了不可能再接合。《尚书》说："与其杀死无罪的人，宁可违反法度。"现在审理刑狱的官吏却不是这样，上下互相驱使，把刻薄当作清明，通过陷人于重罪来博取公正的名誉，而认为执法公平会多有后患。所以审理刑狱的官吏都希望受审讯的人被处死，并不是因为他们憎恨这些人，而是因为他们保全自己的办法在于让这些人去死。因此，被判罪杀死的人，鲜血流淌满市，因罪受刑的人到处都有，每年处以大辟之刑的人数以万计，这是仁圣之政受到损害的原因。太平盛世不能实现，问题大概就出在这里。就人情来讲，安宁的时候就热爱生活，痛苦的时候就想到死亡。严刑拷打之下，什么样的供词得不到呢？所以被囚受审的人，难以忍受拷打的痛苦，就假造供词，承认罪过，把供词交给审讯他的官吏；审讯他的官吏觉得这样做很方便，就诱导他，让他认下自己的罪名；上报的时候害怕被退回，就反复修改奏书，使之没有破绽。奏书上所定的罪名已成，即使让咎繇断讼，也会认为被判罪的人死有余辜。为什么？因为奏书经过多次修改，以法律条文罗织的罪名清楚无误。所以断狱之官援引法律陷人于罪，刻薄残酷，没有限度，得过且过，权宜行事，不考虑给国家带来的祸患，这是当今最大的祸害。所以，俗话说："画地为牢，人们议论着不敢上前；刻木人为吏，人们也决不与之对答。"这都是痛恨执法苛暴的官吏而发出的悲愤的呼声。所以，天下的祸患，没有比刑狱更大的了；破坏法律、违背正轨、离散亲人、阻塞圣道，没有比审理刑狱的官吏更厉害的了。这就是秦朝十大过失至今犹存的一点。

【义理揭示】

执法苛暴的酷吏，往往为了自己的名利而制造冤狱，通过严刑拷打、假造供词等手段陷人入罪。这些人心中没有仁慈，

第七章 心系小民

眼中没有百姓，刻薄残忍，结果必然会给国家带来极大的祸患，甚至能导致亡国。

十 笃教以导民，明辟以正刑

【原文选读】

大夫曰："古之君子，善善而恶恶①。人君不畜恶民，农夫不畜无用之苗。无用之苗，苗之害也；无用之民，民之贼也。锄②一害而众苗成，刑一恶而万民悦。虽周公、孔子不能释刑而用恶。家之有姐③子，器皿不居，况姐民乎！民者敖于爱而听刑。故刑所以正民，锄所以别苗也。"

贤良曰："古者，笃教以导民，明辟④以正刑。刑之于治，犹策之于御也。良工不能无策⑤而御，有策而勿用。圣人假法以成教，教成而刑不施。故威厉而不杀，刑设而不犯。今废其纪纲而不能张，坏其礼义而不能防。民陷于罔⑥，从而猎之以刑，是犹开其阑牢，发以毒矢也，不尽不止。曾子曰：'上失其道，民散久矣。如得其情，即哀矜而勿喜。'夫不伤民之不治，而伐⑦己之能得奸，犹弋者睹鸟兽挂罥⑧罗而喜也。今天下之被诛者，不必有管蔡之邪、邓晳之伪，恐苗尽而不别，民欺而不治也。孔子曰：'人而不仁，疾之已甚，乱也。'故民乱反之政，政乱反之身，身正而天下定。是以君子嘉善而矜不能，恩及刑人，德润穷夫，施惠悦尔，行刑不乐也。"

（选自《盐铁论·后刑论第三十四》）

注释：

①善善而恶恶：善善，褒奖善人。恶恶，惩罚诛讨恶人。

②锄：铲除。

③姐：娇横。

④辟：法。

⑤策：竹制的马鞭子。

⑥罔：古通"网"，一说此处应为"罪"。

⑦伐：有功而自夸。

⑧罻（wèi）：捕鸟网。

【文意疏通】

大夫说："古代君子，亲近好人疏远坏人。君主不养刁民，就像农民不植野草。野草祸害秧苗，刁民危害百姓。锄去野草，秧苗就能生长；惩罚刁民，百姓就会高兴。即使是周公、孔子，也不能放弃刑法而纵容坏人。家里出了娇生惯养的败家子，全家都不得安宁，何况民间那些放荡不羁的败类呢！百姓无视仁爱而服从刑法。刑法是为了使百姓遵守教化，就如锄头是为了铲除野草。"

贤良的君子说："古时候的贤君注重用仁义来引导老百姓，把法律也讲清楚。用刑法治理国家，就像用马鞭子赶车一样。再好的车夫也不能不用马鞭来赶车，但应该是拿着马鞭子而不轻易使用。圣人借助于刑法做好教化工作，教化成功了也就不再借助刑法了。所以，他们虽然很威风严厉但不轻易杀人，设立刑法但无人敢于违反。如今废除了古人的治国的纲纪法令不去实行，破坏了古代的礼义而不能防止犯法。百姓陷入法网就抓起来法办，就好比打开栏圈放出野兽，再用毒箭去射死一

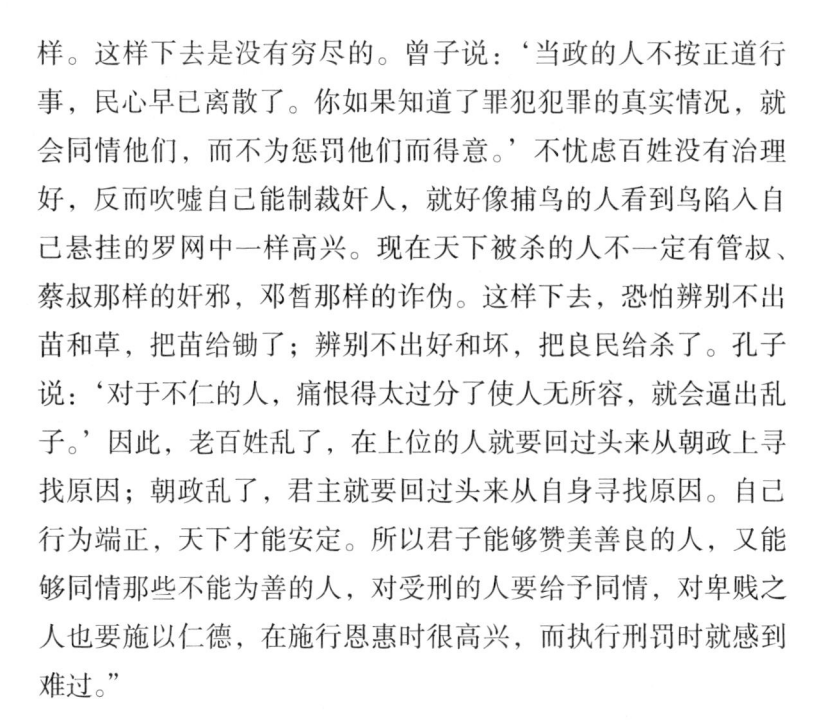

样。这样下去是没有穷尽的。曾子说：'当政的人不按正道行事，民心早已离散了。你如果知道了罪犯犯罪的真实情况，就会同情他们，而不为惩罚他们而得意。'不忧虑百姓没有治理好，反而吹嘘自己能制裁奸人，就好像捕鸟的人看到鸟陷入自己悬挂的罗网中一样高兴。现在天下被杀的人不一定有管叔、蔡叔那样的奸邪，邓晳那样的诈伪。这样下去，恐怕辨别不出苗和草，把苗给锄了；辨别不出好和坏，把良民给杀了。孔子说：'对于不仁的人，痛恨得太过分了使人无所容，就会逼出乱子。'因此，老百姓乱了，在上位的人就要回过头来从朝政上寻找原因；朝政乱了，君主就要回过头来从自身寻找原因。自己行为端正，天下才能安定。所以君子能够赞美善良的人，又能够同情那些不能为善的人，对受刑的人要给予同情，对卑贱之人也要施以仁德，在施行恩惠时很高兴，而执行刑罚时就感到难过。"

【义理揭示】

设立刑法是为了辅助教化，教化成功便不需实施刑罚了。因此，刑法要成为赶车的马鞭子，不轻易使用；不能成为捕鸟雀的罗网，陷民于罪再加惩治。

十一 王者制法，民不迷不惑

【原文选读】

大夫曰："令者所以教民也，法者所以督奸也。令严而民

慎，法设而奸禁。网①疏则兽失，法疏则罪漏。罪漏则民放佚而轻犯禁。故禁不必②，怯夫侥幸；诛诚③，跖、蹻④不犯。是以古者作五刑，刻肌肤⑤而民不逾矩⑥。"

文学曰："道径众⑦，人不知所由；法令众，民不知所辟⑧。故王者之制法，昭乎如日月，故民不迷；旷⑨乎若大路，故民不惑。幽隐远方，析乎知之⑩，室女童妇，咸知所避。是以法令不犯，而狱犴⑪不用也。昔秦法繁于秋荼⑫，而网密于凝脂。然而上下相遁，奸伪萌生，有司治之，若救烂扑焦⑬，而不能禁；非网疏而罪漏，礼义废而刑罚任也。方今律令百有余篇，文章繁，罪名重，郡国用之疑惑，或浅或深，自⑭吏明习者不知所处，而况愚民乎！律令尘蠹于栈阁⑮，吏不能遍睹，而况于愚民乎！此断狱所以滋众，而民犯禁滋多也。'宜犴宜狱，握粟出卜，自何能谷⑯？'刺刑法繁也。亲服之属⑰甚众，上杀下杀而服不过五⑱。五刑之属三千，上附下附而罪不过五。故治民之道，务笃其教而已。"

（选自《盐铁论·刑德第五十五》）

注释：

①网：网具。

②禁不必：这里指执法不果断。必，果断。

③诛诚：惩罚坚决。

④跖、蹻（qiáo）：盗跖、庄蹻，都是古代有名的恶人。

⑤刻肌肤：泛指受刑。

⑥逾矩：超越规矩，指犯法。

⑦道径众：各种说法、教条过多。

⑧辟：同"避"，躲避。

第七章 心系小民

⑨旷：宽广。

⑩幽隐远方，析乎知之：使偏僻遥远的地方的人，也能够很清楚地知道。析，同"晳"，清楚，明白。

⑪狱犴（àn）：即监狱。

⑫荼（tú）：秋天茅草开的白花。

⑬救烂扑焦：比喻无用的救急。

⑭自：即使。

⑮律令尘蠹（dù）于栈阁：尘，尘封。蠹，虫蛀。栈阁，存放法令的房子。

⑯宜犴宜狱，握粟出卜，自何能谷：出自《诗经·小雅·小宛》。指家里有人触犯刑法而入狱，家人用粮食来占卜，怎样才能平安无事呢？

⑰亲服之属：穿丧服的亲属。

⑱服不过五：古代服丧不出五服的习俗。五服是斩衰（cuī）、齐（zī）衰、大功服、小功服、缌麻，服丧期分别为三年、一年、九个月、五个月和三个月。

【文意疏解】

　　大夫说："政令是用来教育百姓的，法律是用来监察坏人的。政令严明百姓就会谨慎，法律完善坏人才能禁绝。如果用网眼稀疏的网具去捕猎，野兽就会跑掉，如果国家的法律松弛，罪犯就会漏网。罪犯漏网，人们就要胡作非为，轻易犯法。所以，执法不严，胆怯的人也会抱着侥幸的心理去犯罪；惩罚坚决，即使像盗跖、庄蹻那样的人也不敢犯罪。正因如此，古代才制定了五种刑法，这样人们自然就不敢犯法了。"

　　文学说："教条多了，人们不知该遵循哪一条；法令多了，百姓不知怎样避免犯法。因此，实行王道的君主制定的法律，像日月那样明亮，百姓就不会迷惘；像大路一样宽广，百姓就不会疑惑。即使是偏远地区的人，也能明明白白地了解法令，愚昧无知的妇女儿童，也都知道怎样避免犯法。这样，没人犯法，监狱也就没有用处了。从前，秦朝的法律比秋天的茅草开的花还多，法网比凝结的油脂还细密。然而，上下互相包庇，奸诈虚伪的事层出不穷，即使官吏严加惩处，也像去救已经腐烂和烧焦的东西一样，是不能制止的。这并不是法律松弛罪犯漏网造成的，而是废弃礼义、乱用刑法的结果。现在制定的法律、政令有一百多篇，章目烦琐、罪名众多，就是各郡施行起来也感到疑惑不解，定罪时或轻或重，就连通晓法律的官吏也不知道该怎么办，何况无知的百姓呢？法律、政令的典籍放在阁楼上尘封虫蛀，连官吏都不能全部过目，又何况无知的百姓呢？这就造成要决断的案件越来越多，百姓犯法也日益增多了。'家里有人入监，亲人拿粮算卦，怎样才能平安？'这就是讽刺刑法繁苛的。穿丧服的亲属很多，但按亲疏关系上下推算，也不会超出五服。五刑的条例多达三千条，但上下比较归类，也不过五种刑法。所以，治理百姓的方法，不过是专心专意地进行礼义教化罢了。"

【义理揭示】

法令不在多，而在明，要让普天之下的百姓都能看见和明白，这样人人都知道如何避免犯法，从而规范自己的言行。废弃礼义，滥用刑法，即便法令再多，法网再密，也无实际效果。

第七章 心系小民

十二 知民之所苦而设之以禁

【原文选读】

凡治病者,必先知脉之虚实,气之所结,然后为之方,故疾可愈而寿可长也。为国者,必先知民之所苦,祸之所起,然后设之以禁,故奸可塞,国可安矣。今日贼良民之甚者,莫大于数赦。赦赎数,则恶人昌而善人伤矣。奚以明之哉?曰:孝悌之家,修身慎行,不犯上禁,从生至死,无铢两罪[①];数有赦赎,未尝蒙恩,常反为祸。何者?正直之士之为吏也,不避强御,不辞[②]上官。从事督察,方怀不快,而奸猾之党,又加诬言,皆知赦之不久,则且共横枉侵冤,诬奏罪法。今主上妄行刑辟[③],高至死徙,下乃沦冤,而被冤之家,乃甫当乞鞠告故以信直,亦无益于死亡矣。

(选自《潜夫论·述赦第十六》)

注释:

①无铢两罪:指轻罪。铢两,极轻的分量。
②辞:辞谒,拜别。
③刑辟:刑罚。

【文意疏通】

凡是治病,一定要摸清脉的虚实,气的聚结,然后开出药方,这样疾病才可以痊愈,寿命才可以延长。治理国家,一定要先了解百姓的疾苦所在,国家的祸患从何而起,然后立法对其加以禁止,才可以杜绝邪恶,安定国家。如今,残害善良百姓最严重的事情，莫过于再三赦免罪犯。用钱赎罪的做法接连不断，就会使恶人猖狂而善良的人受到伤害。何以见得呢？父慈子孝的和睦人家，一家人修养品德，谨言慎行，不犯国法，从生到死，都没有细微的罪恶，再有赦免的行为，也不会因此蒙受恩惠，反而常常受到祸害。正直的人做官，不畏强权，不讨好上司，执行监察任务刚正严格。然而，奸猾的人结党营私，又惯于巧言诬陷，都知道自己不久就会受到赦免，就合伙捏造构害，诬奏罪状，使君主错误地对好人施加刑罚，重的要处死、流放，轻的也要论罪免官。被冤枉的人刚刚要申述说明，以求申冤，无奈判决已下难以免死。

【义理揭示】

　　无原则的宽大和赦免，并不是爱民的表现，因为这种行为会导致恶人无惧而好人受祸。

文化倾听

　　重教化、慎刑罚一直是传统中国法人文情怀的重要体现。"德主刑辅""宽仁慎刑"的观念一直深植于传统中国法的发展历史之中。从《论语》中的"仁者爱人"到《孟子》的"亲亲而仁民，仁民而爱物"，再到董仲舒的"法天意而归之于仁"，仁爱忠恕的观念就一直感染、影响着古代中国的政治统治，因而作为政治统治重要组成部分的法律制度也就保持了重教化、慎刑罚的人文情怀和仁爱精神。

　　其一，德主刑辅，注重教化。西周统治者通过反思殷"不

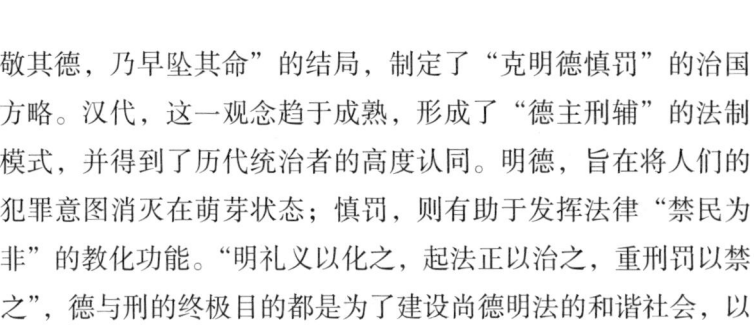

敬其德，乃早坠其命"的结局，制定了"克明德慎罚"的治国方略。汉代，这一观念趋于成熟，形成了"德主刑辅"的法制模式，并得到了历代统治者的高度认同。明德，旨在将人们的犯罪意图消灭在萌芽状态；慎罚，则有助于发挥法律"禁民为非"的教化功能。"明礼义以化之，起法正以治之，重刑罚以禁之"，德与刑的终极目的都是为了建设尚德明法的和谐社会，以维持国家的长治久安。

其二，重惜民命。汉文帝时期朝廷下令废除肉刑，北魏孝文帝宣布废除"门房之诛"，唐朝首创"九卿议刑"之制，明清时期确立了秋审大典与死刑奏报制度。上述种种，其出发点都是"民命为尤"，昭示宽仁慎刑的儒家人本思想。对民命的重视，尤其体现在我国古代法律对于死刑的执行有一套严格的规定。在常态情况下，死刑的执行权都是由朝廷直接掌控的，而草菅人命的官员在历朝历代都会受到严厉责罚。

此外，矜老恤幼也是重教化、慎刑罚的传统中国法一直秉持的原则。汉代以来，法律都专设有针对老、幼、残、疾等社会弱势人群的恤刑条文。从《唐律疏议》开始，各朝法典都明文规定了对70岁以上的老人、对15岁以下的儿童以及废疾、孕妇等不得采用刑讯，并且可以适当减免刑罚。

这些规定充分体现了在儒家学说影响下，传统中国法援礼入法、道德与法律相互支撑的特质。《荀子》中有"治之经，礼与刑"，在当时的人看来，礼刑二柄就已经在治国理政中发挥了不可或缺、相辅相成的作用。所谓"天秩有礼，天讨有罪，故圣人因天秩而制五礼，因天讨而作五刑"，礼主要是从积极方面规定国家治理与社会生活的理想秩序，刑则是对侵犯礼的行为的一种矫正和纠偏。礼关注的是差别化，追求行为的最高典范；刑关注的是整齐化，保障行为的最低限定。从表面上看，礼的差别性与刑的公平性似乎存在矛盾，但实质上礼与刑是同根同源的，都是为了维护相对合理与和谐的统治秩序与社会秩序。

引礼入法实现了法律的道德化，传统中国法无论是在修订还是实施的过程中，都兼备止恶与劝善双重目的；而以法附礼则实现了道德的法律化，在古代中国，任何违反礼教的行为都会受到法律的制裁。"德礼为政教之本，刑罚为政教之用，犹昏晓阳秋相须而成者也"，道德与法律相互支撑，循理定法，法顺民情，既让法律具有全民认同的权威，同时也让法律能够真正渗透进百姓生活，这在一定程度上也使得传统中国法在几千年的历史长河中基本未发生断裂。

文化传递

2007年11月21日下午4时，在京打工的孕妇李丽云因出现感冒、畏寒、咳嗽等症状，在同居男友肖志军陪同下到首都医科大学附属北京朝阳医院呼吸内科门诊就诊。医院在接诊后，将其转到妇产科进行医治并建议做剖腹产手术。在院方做好一切手术准备并同意免费治疗的情况下，肖志军坚持认为自己是陪同李丽云来看感冒，不是来生孩子，拒绝签字。尽管医方做了种种努力，终因相关法律明确规定的家属同意签字制度，手术无法启动。在以其他方式抢救3个小时后，李丽云医治无效死亡。

第七章 心系小民

2008年1月24日,死者李丽云父母将医院和肖志军告上法庭。起诉书列出了原告方认为首都医科大学附属北京朝阳医院在诊疗、急救过程中存在的8项明显过失:1.客观病历中没有任何李丽云在呼吸科的诊断、急救措施记录;2.没有任何医疗检查,院方就让受害人进行剖腹产手术;3.没有向受害人和原告履行术前告知义务;4.参加诊疗、急救的部分医生、护士资质存在严重问题;5.治疗、急救地点不合常规,急救措施不当;6.手术前准备工作长达4个小时,让病人三九寒天赤裸等待;7.违反法定义务拖延治疗;8.住院病历疑事发后遭涂改、伪造、隐匿。后由于肖志军离家出走,相关法律文书未能送达,李丽云父母撤回了对肖志军的起诉。

这一事件引发了社会的广泛关注,尤其是医院"见死不救"的行为将手术签字制度再度推向舆论的风口浪尖。抛开其他因素不谈,其实这一事件蕴含了一个重要的法理学问题,即如何保护弱势群体。

肖志军和李丽云同在北京打工,肖志军虽声称是李丽云的丈夫,但是事后查明,二人仅是同居关系,并未履行法定结婚程序。在整个事件中,由于李丽云的患者身份,李、肖二人被公众不假思索地定义为"弱势群体";而在经历了近年来众多"妖魔化"的失实报道之后,医生已经被固定地描绘成了"强势群体"。在"李丽云事件"中,公众一方面出于保护弱者的善良愿望,另一方面或多或少也受到某些具有倾向性的报道的影响,几乎都在声讨医生见死不救,追究医院在此事中的过失和错误。然而,公众在过分关注院方救死扶伤的法律责任和道德责任的同时,却似乎对直接引发这一悲剧的肖志军的个人责任视而不见。

就此事件涉及的事实和医疗法律问题来看，医方对李丽云的死亡并没有法律上的过错，也不存在伦理道德上的不作为。尽管如此，手术的知情同意制度以及患方签字制度在此次事件中仍被视为导致李丽云死亡的直接"制度凶手"而备受诟病。公众普遍认为，院方作为强者，既是"游戏规则"的制定者，又是裁判员，而正是在这场双方地位完全不平等的"比赛"中，李丽云输掉了自己以及腹中胎儿的性命。

然而，事实果真如此吗？从法理学意义上讲，手术的知情同意制度以及患方签字制度非但不是迫害弱势群体的"制度凶手"，反而是保护患者权利的最可靠、最有效的制度保障。如果没有了手术的知情同意制度以及患方签字制度，那才会真正将医院强行救治的裁量权畸形扩大，从而对患方权利造成更严重的伤害。因此，我们不能根据思维定式和认知惯性，先验地把患方定义为弱者或弱势群体，在不客观理清医患双方具体矛盾纠纷的情况下，就仅仅出于对患者不幸的本能同情，让在法律和道德上本无过错的院方承担法律责任并面对道德审判。这是一种典型的脱离客观事实而仅凭情感因素做出的错误判断。如果我们对医患双方既定的法律责任、道德责任以及责任履行状况缺乏严格、科学、审慎的调查，只根据双方的社会身份就草率地做出厚此薄彼的结论，那就会把保护弱势群体的公共政策变成简单的、不问是非的保护弱者的盲目行动，而这事实上已经违反了法律的同等保护原则。

保护弱势群体，一方面是出于人们的善良本能，另一方面也是一种合乎社会共同利益的道德伦理要求，但这并不意味着

第七章 心系小民

保护弱势群体的言论和行为可以超越法律赋予的权限。保护弱势群体同样必须是在法律规定的范围内进行，并始终坚持法律面前人人平等的原则。但是，很多人认为在司法上有效保护弱势群体与坚持法律面前人人平等这一法治基本原则是矛盾的。在他们看来，"人人平等"意味着法律同时保护弱者和强者。既然强者已经具有先天优势而弱者已经注定处于先天劣势的地位，那么如果法律不能够"劫富济贫"而只是强调"平等保护"，那还有什么公平正义可言呢？其实，从长远来看，对弱势群体的持续性、恒常性的制度保护，远比我们对某个或某几个符号性的弱者暂时的舆论保护更可靠。尤其是当舆论受到其他因素干扰时，以舆论保护来攻击甚至试图取代制度保护，往往并不能给弱势群体带来真正的福利，甚至有可能适得其反，进一步损害弱势群体的利益。换言之，对弱势群体的恻隐之心、同情心如果构成了对公共政策、法律制度的损害，那最后剩下的只能是连制度保护、法律保护都失去的彻底的弱势群体。中国古人所谓"徒善不足以为政""慈不带兵，善不治国"，以及尼采所说的"没有一种制度是建立在爱之上的"，其实都表明法律不能建立在所谓的外显的仁慈之上。

这也就说明了为什么尽管我国政府日益强调对弱势群体的关注和保护，但始终没有简单地将"保护弱势群体"作为明确的口号，而是更理性地呼吁保护"最广大人民的根本利益"。弱势群体整体生存状况的改变不是通过在某个意外事件中因社会的"偏袒"而实现的。真正理性的政府应该是在最大范围内发挥法律的平等保护原则，通过整个社会秩序的改良来保护弱势群体的整体、恒常利益，正如威·厄尔曾经讲过的，"弱者比强

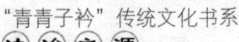

者更能得到法律的保护"。

1. 你认为哪一则文选最能体现古代法治中"惜民命"的思想?

2. 今日的法治社会,我们该如何处理情、理、法三者的关系?

3. 法律为什么要保护弱者的权益?

第八章 判词精选

一 索马不与，拒门不开判

【原文选读】

　　本卫状：顷者内有警急，羽林将军田达当讨救之际，索马不与，拒门不开，覆奏往来，宜失机速。合处极法，不伏。

　　田达襟神①劲烈，志节坚贞，天子之腹心，皇朝之牙爪②。鸡鸣高树，风雨不易其音③；尘尾长松④，冰霜不改其操。一兵一马，咸待竹符⑤；门闭门开，皆凭木契⑥。循环覆奏，务在从真；仓卒辄来，焉知非诈？薛广断鞦，情发于衷；郅恽拒门，意无非恶。一心可以事百主，百心不可事一君。苟不践于邪途，固无亏于正道。卫绾敦实，谨厚见称；王陵朴诚，真专可尚。宜除旧过，不夺前班，则劝沮⑦有归，政刑无失。

　　　　　　　　　　　　　（选自《龙筋凤髓判·左右羽林卫第三》）

注释：

①襟神：胸襟与神情。

②牙爪：得力助手、亲信。

③鸡鸣高树，风雨不易其音：语出《诗经·郑风·风雨》，比喻君子虽居乱世，不变其节度。

④尘尾长松：形容松树枝叶繁茂。

⑤竹符：兵符。

⑥木契：出入关卡的符节。

⑦劝沮（jǔ）：勉励，阻止。沮，止。

【文意疏通】

本卫诉讼：有一次兵情紧急，羽林将军田达在求助者需要紧急驰援、向他索要马匹的时候拒绝了对方，并且拒不开门。使对方往返多次奏请，失去了有利的战机。根据法律应当将田达处以极刑，但田达不服判决。

田达将军襟怀开阔，神情刚劲，坚贞不渝，是天子的得力助手，朝廷的心腹大臣。鸡在高高的树上鸣叫，风雨不能改变它的声音；郁郁葱葱的松柏，冰霜不能改变它的节操。田达将军的每一个兵卒，每一匹战马，都等待着发兵的符节；城门开合也都依靠出入关卡的符节。他让对方往返多次地奏请，主要是为了证明事情是否属实；兵卒仓促而来，田达怎么知道其中是否有诈呢？薛广砍断车辕，这样过激的行为是发自内心的感情；郅恽拒绝开门，最开始也并没有恶意。一个人对君主的不二之心能够让他侍奉多位君王，而如果有自己的私心就会连一位君王也侍奉不好。只要没有走上邪路，那这一行为就不损于正道。卫绾忠厚老实，以严谨敦厚被世人称道；王陵朴素诚

恳，他的真心和专一值得世人赞扬。对于本案来说，应该除掉过去失误的地方，不改变之前的规矩，那么奖励和劝阻就能各归其位，治理和刑罚就不会有失误。

【义理揭示】

战事紧急，羽林将军田达却让索要马匹求助的人吃了闭门羹，使对方多次奏请之后失了战机。责任在谁？判词中的观点是，争执双方皆没有错，都是忠于君主，恪尽职守。

二 田中种树判

【原文选读】

乙于田中种树，邻长责其妨五谷，乙乃不伏。

百草丽①地，在物虽佳，五稼用天，于人尤急。乙姑勤树事，颇害农收。列植有昧于环庐②，播稑遂妨于终亩③。虽椅桐梓漆，或备梓人之材；而黍稷稻粱，宜先后稷之穑。苟亏冒垄，焉用成蹊？纵有念于息阴，岂可侔于望岁？植之场圃，合奉周官；置在田畴，殊乖汉制。既难偿责，无或顺非。

(选自《文苑英华·田农门四》)

注释：

①丽：附着。
②列植有昧于环庐：不是在围绕屋子的地方种树，而把树种到田里。
③终亩：耕尽所有土地。

【文意疏通】

乙在农田里种树，邻居责备他种树会妨碍五谷生长，乙不服别人对他的状告。

各种各样的草长在田里，对这些草来说固然是好的，但五谷需要得到生长所需的水土滋养，对人来说田里生长其他的植物是令人忧虑的事情。乙即便勤于种树，但这件事情对农业生产是有害的。乙不在围绕屋子的地方种树而把树种到田里去，种植的树木妨碍了整个土地的农耕。即使种树能够得到各种木材，能够给木匠提供材料，然而种植五谷才是最重要的事情。如果庄稼长势不好，人连肚子都填不饱，纵使种上成排成排的树又有何用？树木即使长得茂盛，又怎能同庄稼丰收相提并论呢？将树木种在场圃符合自古以来的规定，而要将树木种在田地，却是有违礼制的。既然你难以承担赔偿之责，那就不要做这些不对的事情了。

【义理揭示】

邻居告某乙在农田里种树，妨害农作物生长。判词认为，农田里最重要的是种植五谷，而树木应该种在场圃等位置，故判某乙不对，勒令改正。古代以农立国，五谷丰收对百姓、对国家都至关重要。

三 盗 瓜 判

【原文选读】

常州申称：钱客每以种瓜为业，遂被伶人洪崖盗食其瓜并尽，为客所擒。遂作术化出满田是瓜，客乃放之。崖去后，了无复瓜。客诣县告崖是妖贼。

钱客家邻白社①，业在青门②。米实葱花，光浮五色；蓝皮密理，美至三摇③。长怀洗玉之珍，方有致金之望。洪崖行乖夔足④，道契狼心，不能李径遗冠⑤，翻乃瓜田蹑履。徇兹猿臂⑥，因采掇而全空；眷彼龙蹄⑦，随指挥而忽见。宁劳宋灌，自含冰谷⑧之文；不假曾锄，俄结火山之实。钱既迷于术化，洪乃集⑨彼回邪⑩，于是释此妖人，将殊⑪盗者。初观蒂母⑫，似逐仙来；后察空苗，疑因梦失。幻人为幻，幻已去而无瓜；迷者知迷，迷既祛而有悟。论妖疑切⑬，诲盗情深，虽陈自口之词，莫辨讹言之实。洪崖不在，丹笔⑭何施？客告未晓真虚，崖实未知；州县更宜寻问，方可裁量。

（选自《文体明辨》）

注释：

①白社：地名，在湖北省荆门市南。

②青门：青门瓜。汉长安霸城门因色青，呼作青门，门外出佳瓜，故而得名。

③三摇：形容人吃了瓜以后陶醉的样子。

④行乖夔（kuí）足：指行为乖张，不讲情理。乖，违，不同。夔，人名，古代贤臣，相传为舜时的乐正。

⑤李径遗冠：借用"瓜田李下"的说法。

⑥徇兹猿臂：指伶人洪崖伸手偷瓜。

⑦眷彼龙蹄：指伶人洪崖双脚随着双手偷瓜而到处乱踩。

⑧冰谷：比喻危险的境地。

⑨集：成功。

⑩回邪：不正，枉曲。

⑪殊：别，不同。

⑫蒂（dì）母：大而重的瓜。蒂，本指瓜果与枝相连接的部分，这里指瓜果。母，大而重的果实。

⑬切：确实。

⑭丹笔：书写罪犯名册所用的红笔。

【文意疏通】

常州有人递交诉讼状说：钱客每年都种瓜做买卖，有一次他的瓜却被伶人洪崖偷光了。钱客抓住了伶人洪崖，伶人洪崖施展法术，变化出满田的瓜，于是钱客把他给放了。然而，洪崖一走，田里的瓜又一个都没有了。于是钱客报告县官，称洪崖是会妖术的盗贼。

钱客家住在白社附近，以种植青门瓜为业。他种的瓜果肉丰厚，颜色美丽，吃起来味道非常好。他把自己的瓜视为珍宝，希望能够把瓜卖出好价钱。洪崖行为乖张，品行和豺狼一样，非但做不到"瓜田不纳履，李下不正冠"，反而做出让人怀疑的事情来。他到果园里一伸手，就把瓜园的瓜全偷光了；随着他在瓜园里到处乱踩，瓜园的瓜就都不见了。洪崖满嘴胡诌，讲一些让自己陷入危险境地的话；洪崖根本就没有干过活，然而却得到了那么多的瓜。钱客被妖术所迷惑，洪崖因此能够成功地施展他的伎俩。钱客因而释放了洪崖这个妖人，将

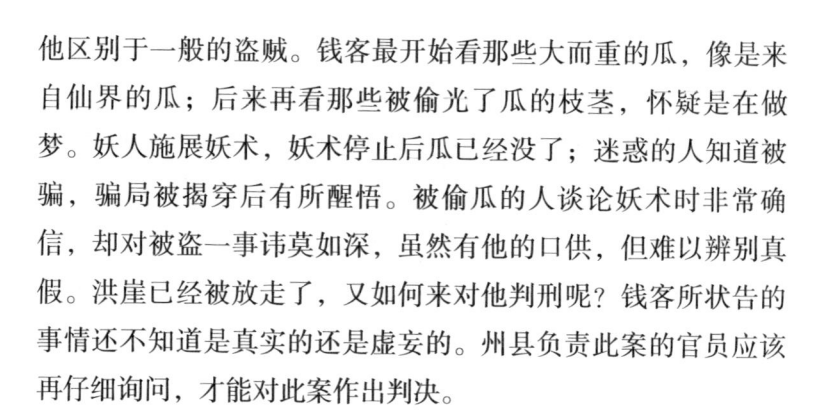

他区别于一般的盗贼。钱客最开始看那些大而重的瓜,像是来自仙界的瓜;后来再看那些被偷光了瓜的枝茎,怀疑是在做梦。妖人施展妖术,妖术停止后瓜已经没了;迷惑的人知道被骗,骗局被揭穿后有所醒悟。被偷瓜的人谈论妖术时非常确信,却对被盗一事讳莫如深,虽然有他的口供,但难以辨别真假。洪崖已经被放走了,又如何来对他判刑呢?钱客所状告的事情还不知道是真实的还是虚妄的。州县负责此案的官员应该再仔细询问,才能对此案作出判决。

【义理揭示】

这个案子看上去很离奇,伶人盗走了钱客的西瓜,而后又用法术变出满田西瓜,从而成功逃脱。判词中认为,从道义上说这个伶人固然可恨,但从判案的角度看,此案有诸多疑点,且不论世上是否真有妖术,原告对被盗一事语焉不详,也有可疑。判词中责令再查,是慎重的。

四 邵守愚杀人案参语

【原文选读】

淳安县邵守愚与弟邵守正共承祖遗塘一口,轮年养鱼。嘉靖三十六年,轮该守愚,屡次被盗。八月二十三夜一更时分,邵守正约同程周去塘盗鱼,守愚带同义男[①]邵天保执枪去塘捕盗。程周窥见人影步声,即背鱼网去脱讫[②]。邵守正被邵守愚一枪戳倒,当叫一声,再加狠力连戳五枪身死。次早伊母宋氏告县。

蒙洪知县审得，若是误杀，不宜连戳六枪，似有仇恨。遂安③朱知县审问守愚，连戳六枪，似非误杀。寿昌④彭知县问，拟守愚依"同居卑幼引人盗物，若有杀伤者，依杀缌麻⑤弟"律绞。解府转详，巡按御史王处驳回分巡⑥，看得招情亦欠合律，行府转委本县检究。

参审得宋氏词内，告有指鱼、看鱼，夫纵盗鱼，律不致死之说。检得耳窍亦有塘泥在内，则与程周同盗之情似实。又称六人谋杀一人，口舌之多，岂能久而不败露？五人出财买一人独认，财物实迹，焉得久不外闻？况邵守正亲兄弟邵守中、守和，男邵太礼，与守愚等系同宗兄弟，住址相邻，耳目切近，询访三年，杳无可据，则计供买认之情似虚。杀贼不死，贼必反伤，其连戳六枪者，盖亦未知其死与未死，多戳使之必死，亦势所必至也。守正被戳岂无痛声，然止一痛声，未有别样说话。黑夜敌贼，危迫慌忙，兄弟相盗，思虑不及，恐不能就一痛声而辨其为兄弟、他人也。登时杀死，未就拘执，似不当以"同居卑幼引他人盗己家财物，有杀伤者，依杀伤缌麻弟"律绞论罪。

（选自《海瑞集》）

注释：

①义男：义子。

②去脱讫（qì）：方言，跑掉了。

③遂安：县名，明清时属严州府，今浙江淳安。

④寿昌：县名，明清时属严州府，今浙江建德。

⑤缌（sī）麻：古代丧服名，五服中最轻者，孝服用细麻布做成，服期三个月。

第八章 判词精选

⑥分巡：分巡道，官名。

【文意疏通】

淳安县的邵守愚与他的弟弟邵守正共同继承了祖上的一个池塘，他们每年轮流用这个池塘养鱼。嘉靖三十六年，轮到了邵守愚用池塘养鱼，然而养的鱼却多次被偷。八月二十三夜里大约一更时分，邵守正约程周一起去鱼塘偷鱼，邵守愚带着他的义子邵天保拿着标枪到鱼塘抓偷鱼贼。程周见到有人的影子，又听到脚步声，立即背着鱼网自己跑了。邵守正被邵守愚一枪戳倒，大叫一声，邵守愚又奋力连戳五枪直至邵守正死去。第二天，母亲宋氏把邵守愚告到了县官那里。

蒙洪知县审问以后认为，如果是误杀，邵守愚不应该连戳六枪，似乎兄弟二人之间早已怀恨。遂安朱知县审问邵守愚，认为他连戳邵守正六枪，似乎不像是误杀。寿昌彭知县审问后，打算依照"同居卑幼引人盗物，若有杀伤者，依杀缌麻弟"这一法律条文将邵守愚处以绞刑。解府详细转陈了此案，御史王处驳回了此前的判决，认为于情于理均有欠妥之处，行府转而委托本县县官再次详细审查。

审问后发现宋氏的讼词中称邵守正有指鱼、看鱼的行为，纵然有盗鱼的行为，按法律也不至于处死。检查邵守正的耳朵内有塘泥，那么他与程周一同盗鱼的事情应该是属实的。又有，说是六人谋杀一人，如果真是这样，嫌犯众多难免有人会说漏嘴，怎么可能这么长时间没有败露？如果说五人出钱让一人独自认罪，财物是有实际证据的，怎么可能这么长时间没有露出一点蛛丝马迹呢？何况邵守正亲兄弟邵守中、邵守和，子邵太礼，与邵守愚等都是同宗兄弟，住的地方临近，说话做事相互间都能听到看到，官员查访了三年，一点证据也没有，因此推断一人得了钱财而主动供认自己而让其他人免于刑罚的事情应该是没有的。杀盗贼如果没有把对方杀死，那盗贼必定反扑，因此邵守愚连戳六枪，大概也是不知道被戳的人到底死了还是没死，因此只能多戳几次保证盗贼必死，邵守愚这么做也是在当时的形势下被逼如此。邵守正被戳怎么会没有叫喊的声音，但他只叫喊了一声，没有说其他的话。邵守愚大半夜遇上盗贼，形势危急再加上心中慌忙，在当时没有时间思虑周全，恐怕是不能单凭一声叫喊就能辨别出盗贼是他兄弟还是别的什么人。邵守愚当场就把他的弟弟杀死了，而不是把他弟弟抓住以后再把人杀死，这似乎不应当按照"同居卑幼引他人盗己家财物，若有杀伤者，依杀缌麻弟"这一条论罪而判处绞刑。

【义理揭示】

弟弟伙同他人黑夜里偷哥哥的鱼，被哥哥乱枪捅死，该如何处罚哥哥？此案的争议在于如何认定哥哥的行为。一种意见以为，哥哥是早怀怨恨，借机杀人，故当重判；一种意见认为，哥哥只是忙乱中的正当防卫，并非刻意杀人，故罪不至死。之前的三位审判者，对哥哥作出重判的依据是哥哥下手过重，"不似"误杀，这是以主观臆测推定犯罪动机。判词则能较客观地还原犯罪情境，推定哥哥只是迫于形势，错手杀人，故疑罪从轻。

第八章 判词精选

五 赎归弟财复宛转判

【原文选读】

李毓芳有弟二人,仲毓秀,季毓英,皆庶母朱氏出,与毓芳为异母弟。家本故族,遗资颇丰。父殁之日,聚族而剖。无论嫡庶,等分均分。乃诸子实不克负荷,素封①之产,渐向凋落,而毓英则尤最称不肖者也。肉骨未寒,已业悉归他姓。有分院一所,亦已别售久矣。毓芳备价赎归,虽云恢复旧业,欲勿堕先人之绪,然已产尚不能保,而暇问弟产乎?不过于宛转②间少得微润耳。夫妇人本爱少子,况毓芳毛里不属③,又召之衅,奚为而不成讼也?

毓芳身为子衿④,不能窒微杜隙⑤,使垂白庶母匍伏讼庭,固已有愧古人矣。第家庭之际,人所难言,而况以不令⑥之弟挑拨期间,天伦不幸,未可为毓芳多责也。今毓芳既已晏然⑦得业,合行断银十两为朱氏赡老用。

毓英在朱氏为荡子,在毓芳为傲弟,此而不惩,祸未已也。

(选自《辞·卷一》)

注释:

①素封:拥有巨大资财的富商巨贾。
②宛转:辗转,这里指将弟弟产业转手买卖。
③毛里不属:指毓芳与庶母无血缘关系。毛里,指亲骨肉。
④子衿(jīn):语出《诗经·郑风·子衿》,指士子。
⑤杜隙:杜绝疏忽。

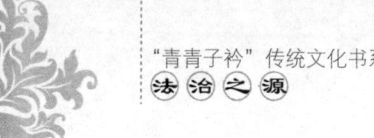

⑥不令：不善，不肖。
⑦晏然：安定的样子。

【文意疏通】

　　李毓芳有两个弟弟，老二李毓秀，老三李毓英，都是庶母朱氏生的，与李毓芳为同父异母的兄弟。李家原本是当地望族，祖业相当丰厚。父亲死的那一日，李家一个家族的人聚集起来分割财产。无论是嫡子还是庶子，都是均等分配。然而这么多子弟实在难以保持家业，致使庞大的家业逐渐走向衰落，而李毓英又是其中最败家的一个。父亲尸骨未寒，分到他手中的田产已经都被他转卖给别的人了。李毓英还有另外一处宅院，也已经被他卖给别人很久了。李毓芳出双倍的价格赎回了那处宅院，虽然说是恢复了旧业，希望不要再糟践先人置办的家业，然而他连自己手中的家产尚且不能保全，又哪里有能力顾及弟弟的家产呢？不过也是对其通过转手买卖，从中挣得微薄的利润罢了。妇人本来就偏爱小儿子，何况李毓芳不是朱氏亲生的孩子，再加上邻里族人的撺掇，朱氏怎么可能不一纸诉状将李毓芳告到官府里？

　　李毓芳身为士子，不能防微杜渐，让头发花白的庶母跪在官府告状，本来就已经愧对祖先。家庭内部的纷争，本来就是旁人难以插手的事情，何况再有不友善的弟弟的挑唆，实在是家庭的不幸，不应该多加责备李毓芳。如今李毓芳既然已经有一定产业能够相对安稳地过日子，综上所述判李毓芳给朱氏十两银子养老用。

　　李毓英对朱氏来说是不孝的孩子，对李毓芳来说是不友善的弟弟，如果这样还不加以惩处，那么李家的灾祸还不会停息。

230

第八章　判词精选

【义理揭示】

清官难断家务事，但一旦严重到诉诸法律的地步，还是要根据实际情况厘清案情，公正判决。哥哥购买弟弟转卖于他人的宅院，并无过错，也未违背人伦孝道，错在其弟。

六　受人隐寄财产自辄出卖

【原文选读】

江山县詹德兴，以土名坑南、牛车头、长町丘等田，卖与毛监丞①宅。有本县临江乡吕千五者入状②，陈称上件田系其家物，詹德兴盗卖。今据毛监丞宅执出缴捧干照③，有淳熙十六年及绍熙五年契两纸，各系詹德兴买来。又有嘉熙四年产簿一扇，具载上件田段，亦作詹德兴置立，不可谓非詹德兴之业矣。又据吕千五执出嘉定十二年分关④一纸，系詹德兴立契，将上件田段典与吕德显家。观此，则又不可谓非吕千五之家物也。推其原故，皆是乡下奸民逃避赋役，作一伪而费百辞，故为此之纷纷也。

吕千五所供，已明言及父因乡司差役，将产作江山县重亲詹德兴立户，即此见其本情矣。在法"诸诈匿减免等第或科配者，以违制论"，注谓"以财产隐寄⑤，或假借户名，及立诡名挟户⑥"之类。如吕千五所为，正谓隐寄、假借。既立产簿作外县户，又兜收詹德兴典契在手。赋役及己，则有产簿之可推；户名借人，又有典契之可据。其欺公罔私，罪莫大焉。今智术既穷，及被詹德兴执契簿为凭而出卖，官司既知其诈，而索以还之，是赏奸也。此吕千五之必不可复业也。

詹德兴元系吕千五之的亲⑦，故受其寄。及亲谊一伤，则视他人之物为己有，不能经官陈首，而遽自卖之。在法："即知情复寄，诈匿财产者，杖一百。"詹德兴受吕千五之寄产，自应科罪。官司既知其伪，而遂以与之，是诲盗也。此詹德兴之必不可以得业也。

两安税赋陷失，科配⑧不行，邑号难为者，皆因乡民变寄田产所致。当值或因索干照而见，或阅版籍⑨而知，未能一一裁之以法，亦未有寄主与受寄人如是之纷争也。上件田酌以人情，参以法意⑩，吕、詹两家俱不当有。毛监丞宅承买，本不知情，今既管佃，合从本县给据，与之理正。两家虚伪契簿，并与毁抹附案。詹德兴卖过钱⑪，追充本县及丞厅起造，牒县丞拘监。詹德兴已死，吕千五经赦，各免科罪，詹元三留监。余人放。

(选自《名公书判清明集·户婚门·争业下》)

注释：

①监丞：国子监掌管校规的官员。

②入状：递来状纸。入，递交。

③干照：官府所发的认证文书，其中记载了标的物的变更情况。

④分关：财产分割书。

⑤隐寄：隐瞒寄托（田地）。

⑥立诡名挟户：诡名，假冒的名字。挟户，占为户主。

⑦的亲：嫡亲。

⑧科配：官府摊派的正项赋税外的临时加税。

第八章 判词精选

⑨版籍：登记户口、田地的簿册。

⑩酌以人情，参以法意：即中国传统法律实施所追求的"情法两尽""情法两得""情法两平""情法兼到"。

⑪过钱：领过的钱。

【文意疏通】

  江山县詹德兴把坑南、牛车头、长町丘等土地，卖给毛监丞家。本县临江乡有一个叫吕千五的人向官府递交了诉状，状纸上称詹德兴卖的这些田地是吕家的财产，是被詹德兴偷偷卖掉的。现根据毛监丞家出示的田地买卖文书，有淳熙十六年及绍熙五年两张地契，分别证明田地是从詹德兴那里买来的。又有嘉熙四年的产簿一册，都记载了上述田地，是詹德兴置办的，因此不能说上述田地不是詹德兴的产业。然而，根据吕千五拿出的嘉定十二年的财产分割书，是詹德兴立的契约，将上述田地典当给了吕德显。看到这张财产分割书，又不能说这些田地不是吕千五家的产业。推测其中的缘由，都是乡下的奸民为逃避赋役，造了假而最终导致口舌之争，才有了这样复杂的案子。

  吕千五在供述中已经明确地说，他的父亲因为乡司差役，将产业给了江山县亲戚詹德兴让他另立门户，通过这一供词可以看出事情的原委。根据法律，"诸诈匿减免等第或科配者，以违制论"。法律中的注释：进一步解释道，"以财产隐寄，或假借户名，及立诡名挟户"。像吕千五的行为，正所谓隐寄、假借。已经立下产簿成为外县的户口，然后又收购了詹德兴典当的土地。轮到自己要承担赋税徭役时，则有产簿可以推脱赋役；把户名借给别人，又有典当的契约可以作为依据。这种欺骗国家、图谋私利的行为，实在是很大的罪过。如今吕千五已经机关算尽，还是被詹德兴拿着地契作为凭证把地卖了出去。如果官府已经知道其中的欺诈行为，还把田地索要回来还给吕千五，这就是奖赏奸猾的人。因此，吕千五肯定不能拿回田地。

詹德兴本来是吕千五的亲戚，原来受吕千五寄托把田地寄存在自己家。等到亲戚之间的情谊丧失，就把他人的田产视为自己的田产而私自出卖。根据法律："即知情复寄，诈匿财产者，杖一百。"詹德兴接受吕千五寄存的田产，已经触犯了上述法律条文，应当伏法。官府既然已经知道詹德兴的欺伪之行，如果再把田产给他，就是鼓励其他人去做盗贼。因此，詹德兴也肯定不能得到这些田产。

朝廷的税赋缺失，各项临时加税无法实施，那些难以治理好的州县，都是因为乡民更名把田产寄托在别人那里所导致的。政府官员通过索取查阅登记户口、田地的簿册，不能一一按照法律对违规行为进行裁量，也从未出现过托付土地与被托付土地的人产生这样的纷争。对于这些，一方面要考虑到人情，一方面也参考法律，吕、詹两家都有过失之处，不能拥有这些土地。毛监丞买土地，原本不知道其中的原委，如今既然买下了这片土地，根据本县提供的证据，从法理上应该给毛家购买的土地正名。詹、吕两家伪造假的田契，并且一起遮掩相关的罪行。詹德兴卖土地所得的赃款一律充公并判处相应的拘役。詹德兴已经死亡，吕千五被赦免，各免于处罚。把詹元

三继续拘役,其他人都释放。

【义理揭示】

这一判词对詹德兴和吕千五二人违反法律,以契约的形式r损害国家利益,逃避赋役科配的行为作了无情的揭露,并予以惩处。虽然判词宣告两份契约违反法律而无效,并对违法交易所得的钱依法予以没收,但对毛监丞购买土地这一行为,则予以肯定和维护,以稳定社会关系。判词表明了作者对违法契约的法律责任的态度和看法,案件的处理在当时看来是非常成功的。

七 母子兄弟之讼当平心处断

【原文选读】

听讼之法,公则平,私则偏。所谓私者,非必惟货惟来[①]也,止缘忿嫉多而哀矜[②]少,则此心私矣,所以不能作平等观。

韩应之、韩闳,均许氏之子也。韩应之妻子之情深,则子母之爱衰;若韩闳则所谓阿奴[③]常在目前者也。母爱小子,恨不衰[④]长益少。韩应之乃不能胜,乃挟阿奴自刎之事以操持之,欲胜弟,是欲胜母也。应之自有罪,然挟母诉兄,谁实先之?为政者但见诟论可恶,锻炼[⑤]使服,而不知此三人者,母子也,兄弟也,天伦也,奈何而不平心邪?当是之时,兄为官司所囚禁,虽欲哀告其母,拊循[⑥]其弟,而其辞不得以自致[⑦],母与弟又自有哗徒主持,虽欲少贷其子,少全其兄,而其事不得以自由。外证愈急,而狱辞愈刻以深[⑧],于是不孝诬告之罪,上闻于省部矣。

若使信凭断下，应之死则死矣。许氏杀子，韩闳杀兄，以刃与讼，有以异乎⑨？许氏何以为怀，韩闳又何以自全于天地间？幸而疏驳，当职遂得以选择好同官，俾之引上三人作一处审问，然后母子得以相告语，兄弟得以相勉谕，而哗徒不得以间隔于其间。融融怡怡⑩，翻然如初，为政者先风化⑪，刑杀云乎哉！财产乃其交争祸根，今已对定。

若论韩应之、韩闳之罪，则应之难竟坐以不孝之罪，然亦有不友⑫之罪；若韩闳则亦难免不悌之罪矣。然皆非本心也。最是前申谓应之不合谓其母"不是我娘"，欲坐以极典，但未审《小弁》之怨，孟子反以为亲亲，此一段公案又合如何断？今以应之、闳各能悔过，均可置之不问。但应之以阿奴自剜资给诬告一节，终难全恕。

（选自《明公书判清明集·人伦门·孝》）

注释：

①惟货惟来：语出《尚书·吕刑》。惟货，贪赃受贿而枉法；惟来，受私人请托而枉法。

②哀矜：哀悯、怜悯。

③阿奴：尊长对卑幼的昵称。

④裒（póu）：取出，减少。

⑤锻炼：玩弄法律，靠罗织罪名陷害他人。

⑥拊（fǔ）循：安抚，抚慰。

⑦自致：表达自己。

⑧刻以深：苛刻而严酷。

⑨以刃与讼，有以异乎：以刃杀人与以讼杀人，并没有不同的地方。

⑩融融怡怡：形容和乐愉快的样子。
⑪风化：教育感化。
⑫不友：兄弟之间不相敬爱。

【文意疏通】

处理诉讼案件，审案者为公就会公平，为私则有偏私。所谓私，并不一定是出于贪财等目的，往往是由于审案的人愤怒太多而哀悯太少，这就使审案的人心中有偏私，因此不能做到公平公正。

韩应之、韩闵，都是许氏的孩子。韩应之对自己小家庭的感情很深厚，而与母亲之间的感情有所淡化；韩闵则像俗话讲的，是常在母亲面前得到母亲垂爱的小孩子。做母亲的疼爱小儿子，恨不能把给长子的东西都给小儿子。韩应之乃不堪忍受母亲的偏心，于是挟阿奴自刎一事大做文章，想胜过他弟弟，而实际上韩应之是想针对他母亲。韩应之自然是有罪，然而挟制母亲兄弟相诬，究竟是谁最先开始的呢？官员觉得诬告的人非常可恶，往往会罗织罪名让人伏法，但不知这三个人，分别是母子和兄弟，都是至亲，为什么心中会如此不平而出此下策呢？在那个时候，哥哥因为吃了官司被官府囚禁，虽然想哀求母亲，安抚弟弟，但他的话难以传到母亲与弟弟的耳朵里。母亲与弟弟又被那些喜欢搬弄是非的人所把控，即便母亲想稍微宽恕一下儿子，弟弟想稍微保全一下哥哥，但事情已经发展到由不得他们自己做主的地步。来自狱外的证词越急于救韩应之，而判词就越严酷，于是韩应之不孝和诬告的罪名，最终被告到了省部。

如果任凭法律处置，那么韩应之必死无疑。许氏杀害自己的儿子，韩闼杀死自己的哥哥，用刀来杀死人和用看似公正的法律程序来处死人，这两者有什么区别吗？许氏对杀子之痛怎么释怀，韩闼又有何面目继续活下去呢？幸亏上诉被驳回，负责的官员才能够选择公正良善的官吏，让他把三个人引到一块儿再加审问，这样母子之间才能够互相交流，兄弟之间才能够相互勉励劝谕，而饶舌的人没有办法在其中离间他们。三人会面的气氛非常融洽，三人之间和好如初。为政的人应该首先强调教化，难道应该首先使用刑法吗？财产是母子三人交恶的罪魁祸首，如今则都已经将财产归属判定下来了。

若说韩应之、韩闼的罪过，那么韩应之不仅仅是犯了不孝之罪，还应该有对兄弟不友爱之罪；而论及韩闼，他也难以逃脱兄弟不悌之罪。然而，这些都不是他们的本意。特别是前面状纸上所说的韩应之称他的母亲"不是我娘"，判案的人想因此判处韩应之极刑，但是却没有仔细考察此案中如《小弁》一样的冤情，孟子反而认为这种情形是人子关心并重视父母之情的表现，此一案件又该如何审判呢？如今由于韩应之、韩闼各自都能意识到错误并表示悔罪，因此都可以被减免罪责。但韩应之以阿奴自刎诬告弟弟，最终难以完全被宽恕免罪。

【义理揭示】

法律条文固然客观，但审判执法的人却有自己的主观性，因此，官吏不能拿着貌似客观公正的法令陷人入罪，破坏原本可以弥合的家庭成员间的关系。为政者首先应注重教化，详细了解具体情况，不能轻易使用刑法。

第八章 判词精选

八 湮灭古迹判

【原文选读】

　　古迹为物，所以志景仰而留凭吊也。吾人读书论世，不得见古人，则于古人之所登临求摩挲者而珍宝之。如见古人，如晤一室①，所谓"存之于目，则思之于心也固②"。其用宏，其效大，所以自历代以至今日，地方上凡有先圣贤以至一善之士，苟有遗迹留于后代，足以使人流连徘徊而不忍去者，无论为真为伪，应一律保存，此景仰古人之本意，而亦为后人观摩之资也。

　　圣朝入关定鼎③，一再颁发上谕，禁止军人毁损古迹，并训谕各地方官，如遇有古迹因军事而倾坠者，应著地方官一律修葺保存，不得听其湮没。圣谕皇皇，纶音④焕发，凡为臣子，无不顶礼欢呼。

　　乃审得笪幼乔者，湮灭古迹，将公作私，妄造屋宇，擅易匾额。以数千年留下之古迹，作一人一家之私物。如此居心，显悖圣朝则古称先之至意。按律："湮灭古迹者，杖八十；据作私有者，加杖六十，徒一年。"笪幼乔擅改纪信台匾额、外围房屋用作私产，实属显背律例，法无可恕。本应重杖以儆，姑念一再哀求，自愿将古迹回复，匾额取下，并以改造之房屋、外围之墙壁一律捐入公家，用作罚抵，准予暂免杖责。并为防止后来再有如此行为，致古迹灭没无闻，听候移文学官，延本邑宏儒撰文刊碑，永留后祀。并派公正耆老专司此事，以垂不朽。所有笪幼乔罚捐之房屋改作纪信庙，春秋致祭，从此馨香俎豆⑤，千秋常新；庙貌⑥钟鼓，万世景仰。其所以勖勉忠臣硕

239

士者，正无极也。此判。

（选自《陆稼书判牍》）

注释：

①如晤（wù）一室：如在一屋之内畅谈。

②存之于目，则思之于心也固：语出宋苏洵《张益州画像记》："意使天下之人，思之于新，则存之于目。存之于目，故其思之于心也固。"

③圣朝入关定鼎：清朝入主中原。圣朝，即清朝。定鼎，相传夏禹铸九鼎以象征九州，九鼎一直作为传国重器放置在国都，后称建立王朝或定都为定鼎。

④纶（guān）音：皇帝诏谕。纶，比丝粗的青丝带。

⑤俎（zǔ）豆：祭祀、奉祀。俎、豆均为古代祭祀用的器具。

⑥庙貌：庙宇及神像。

【文意疏通】

古代留下的遗迹是人们用以表达对古人的景仰之情与凭吊之意的物质依托。我们这些人读书论世，却没有机会见到古人，因此希望能够亲自到古人登临的地方，实地感受一下古人曾经抚摸过的东西并将其视为珍宝。这样就像亲自见到古人并与他们同处一室畅谈一样，这正是"亲自用眼睛看到了，那么保留在心中的记忆也更加深刻"。古迹的用处很大，效用很明显，所以从古至今，地方上凡是有先圣先贤以及在某一方面有善行的人，留有遗迹给后代，能够让人流连忘返，那么无论遗迹是真是假，都应该保存下来。这样做一方面可以表达对古人的景仰之意，另一方面也可以作为后人观摩古人德行的物质依托。

第八章 判词精选

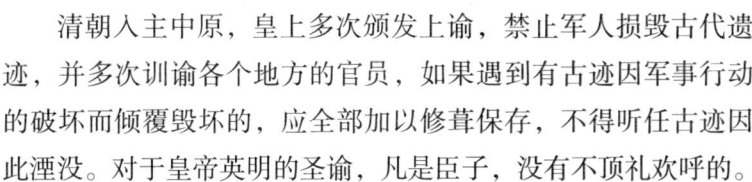

　　清朝入主中原，皇上多次颁发上谕，禁止军人损毁古代遗迹，并多次训谕各个地方的官员，如果遇到有古迹因军事行动的破坏而倾覆毁坏的，应全部加以修葺保存，不得听任古迹因此湮没。对于皇帝英明的圣谕，凡是臣子，没有不顶礼欢呼的。

　　如今审讯到一个叫笪幼乔的人，破坏古迹，将公有的古迹当成是自己家的财产，在古迹中自行改造房屋，擅自移动匾额。他把数千年留下的古迹，当成他自己一个人的私有财产。这样的居心，显然有悖于我朝效法古代、尊崇先人的治国理政原则。根据法律条文："湮灭古迹者，杖八十；据作私有者，加杖六十，徒一年。"笪幼乔擅自改变纪信台的匾额位置，把外围的房屋作为自己家的私产，实在是明显地违背律例，按照法律不可宽恕。本来应该重打以儆效尤，但姑且念及他一再哀求，并自愿将古迹恢复到原来的状态，把自己擅自挂上去的匾额取下来，并把改造的房屋、外围的墙壁一律充公，用作惩罚和抵偿，因此准予暂时免去杖打的处罚。同时，为了防止将来再有像他这样的行为出现，导致古迹被破坏，因此听从学官的建议，请本县鸿儒撰写古迹保护相关法律条文刻刊立碑，永远留给后代人。此外，派公正的长老专门负责此事，才能让古迹永垂不朽。所有笪幼乔作为罚款而充公的房屋都改建成纪信庙，每年春秋两季开展祭祀活动，从此庙中香火不断，贡品常新；常年钟鼓之声不绝，供奉的神像能够得到子孙万代景仰。这样做是为了勉励忠臣和有志之士，纠正不端的行为。此案就这样定下判决。

【义理揭示】

　　百姓不明律令，破坏名胜古迹，将公共资源据为己有，依法固当惩处。但此人之所以如此肆无忌惮，很可能是因为他对此类规定一无所知。所以审判者能宽大处理，并听从建议，撰文刻碑，晓谕百姓。

九　诬人为盗判

【原文选读】

　　禀悉。尔果遭盗劫乎？何以盗劫后不即来报，迟至七日后始来禀县？且盗劫必不能以一人来往，必有羽党。而打门入内，又必有痕迹可寻，何以均不提及？且何以除皮箱被抢两只外，余物一无所失？凡此种种，均有可疑。最奇者，李秀英既胆敢撞门入内，抢劫尔物，事后又何以不避，且敢持是以夸耀于乡里？岂别有神通，独不畏汝之告官缉拿乎？然此于奇之中尚不足奇也。更可奇者，控李秀英为盗，而引其女为证，且曰可到堂质对。其父攘①羊，而子证之。何古今来竟有此特殊之人物？苟非别有隐情，其谁信之？

　　尔亦知律文乎？作禀②之时，亦曾就教于一二讼师乎？诬人为盗者，即以盗罪坐之。李秀英而果为盗也则已，否则吾惧子之首领将不保也。本县怀上天好生之德，不忍不教而诛。使果被盗属实，仰③于五日内再明白详禀。并不妨将李秀英父女扭送前来，否则可从此止。"一纸入公门，九牛拔不出"，非可儿戏也。

　　并着该图④地保将李秀英父女即速看管，如五日后该民不再

第八章　判词精选

递禀，始可释放。此批。

（选自《袁子才判牍》）

注释：

①攘（rǎng）：侵夺，偷窃。

②禀：旧时下对上报告。

③仰：旧时公文中上级命令下级的惯用语，有切望之意。

④图：明清时基层行政区划，相当于现在的区或乡。一图下分十庄，图有地保，图上设都。

【文意疏通】

你的禀报我已经全部知道了。你真的是遭到盗劫了吗？为什么你被盗劫以后不立刻报告官府，而是延迟到七日以后才到官府来报案呢？盗劫必然不可能是一个人干的，肯定会有同伙。盗贼破门而入，又肯定会有痕迹留下，为何你在状纸中都没有提及呢？还有，为什么你除了两只皮箱被抢以外，其他的东西都没有丢失呢？所有这些，都是可疑的。最奇怪的是，李秀英既然胆敢破门而入，抢劫你的财物，事后又为什么不躲避，还敢拿这件事情到乡里之间夸耀呢？难道是他别有神通，唯独不怕你报告官府把他缉拿归案吗？然而，这在此案蹊跷的地方中尚且还不足以算蹊跷。更为蹊跷的是，你控告李秀英是盗贼，还让他的女儿来作为证人，并且说可以到堂前当堂对质。父亲偷了羊，而孩子作证举报父亲，古往今来竟然有这等特殊的人？如果不是别有隐情，谁会相信这么荒谬的事情呢？

你知晓法律条文吗？报案之前，你曾咨询过一两个专门负责诉讼的人吗？诬告别人抢劫盗窃的人，也会以抢劫盗窃罪惩处。李秀英如果真是盗贼也就罢了，否则我担心你的脑袋也将不保了。本官怀着上天好生之德，不忍心不教化就惩处。如果你被盗果真属实，那么希望你在五日内再来详细禀报案情，而且不妨将李秀英父女一起扭送来，否则你最好就此撤诉。"一纸入公门，九牛拔不出"，这话并非儿戏。

同时要求涉事地方的地保将李秀英父女立刻看管起来，如果五日后这人不再递来状纸，才可以释放。

【义理揭示】

告人盗劫的案子疑点太多，官员怀疑是诬告，但不能十分确定。判词仍本着教化百姓的仁爱之心，给诬告者一个机会，希望他主动撤诉。为官者当如此，细察、明辨且对不知法的民众谆谆告诫。

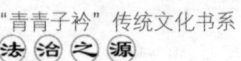

判词是为解决民间纠纷而制定的一种法律裁判文书，在我国已有上千年的历史，判词文化已经成为中国传统法律文化不可分割的一部分。虽然司法制度及其实践形式已经发生了翻天覆地的变化，但是判词作为一种文化传承的印记，其法学价值、艺术风姿以及精神内蕴，依旧值得现代判决书的书写者们学习与传承。

判词的书写一方面是为了让当事双方承认并服从判决，另一方面也是为了让社会公众了解和服膺案判谳定。同时，判词还承担了通过树立社会典范行为来达到"息讼"的功能。一份

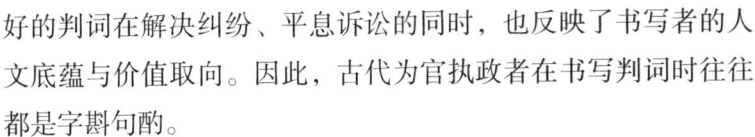

第八章 判词精选

好的判词在解决纠纷、平息诉讼的同时，也反映了书写者的人文底蕴与价值取向。因此，古代为官执政者在书写判词时往往都是字斟句酌。

如今，学界普遍把公元前536年郑国子产铸鼎视为我国第一部成文法形成的标志，但早在《夏书》中就有皋陶之刑的记载。西汉中期，董仲舒提出"独尊儒术"，儒家思想取得了正统地位，"春秋决狱""经义决狱"成为官吏断案定谳、下判处事的依据。判词在唐代发展到了一个高峰，这与唐代科举取士制度的建立密不可分。对经科举层层选拔上来的官员来讲，判案定谳过程中的判词写作并非难事。判词在宋、明、清得到了进一步发展，这时的判词更加成熟规范，叙述繁简得当、见微知著，体现了法律价值与文学价值的和谐统一。

由于我国古代的官吏往往集行政、司法于一身，而自唐代以来科举取士成为官吏选拔的主要途径，科举制度又与儒学密不可分，因此判词的发展除了受到社会政治、经济、文化发展的影响以外，还与法律儒家化的进程有着密切的联系。唐、宋、明各朝开考选官，均以试拟判词为取士标准之一，由此判词得到进一步发展。各级官员以儒学为核心的知识体系与价值倾向，决定了他们在判案定谳过程中，往往将合理性视为比合法性更重要的追求。他们以儒家仁爱思想为信念，效法先贤圣王，斟酌人情，循循善诱，以"无讼"的理想劝谕百姓，上不违于法理，下不拂于人情，字里行间浸润着大济苍生的心胸、仁爱孝慈的理想与悲天悯人的情怀。张鷟的《龙筋凤髓判》、李清的《折狱新语》、于成龙的《清朝明吏判牍》、樊增祥的《樊山判牍》等，都收录了这种深受儒家思想浸润、文质兼美、劝人为善、匡扶正义、判决公允的判词。

文化传递

2009年5月16日，当时年仅27岁的云南省巧家县茂租乡鹦哥村村民李昌奎，将同村19岁的王家飞及其3岁的弟弟王家红残忍杀害。2010年7月15日，云南省昭通市中级人民法院经审理查明，以强奸罪、故意杀人罪，数罪并罚，判处李昌奎死刑，剥夺政治权利终身。2011年3月4日，云南省高级人民法院以强奸罪、故意杀人罪，数罪并罚，判处死刑，缓期二年执行的终审判决。就因为有了"自首"这张"免死牌"，"死刑"改为了"死缓"。两份一字之差的判决书，顿时在网络上引起轩然大波。

2011年8月22日晚上9点20分左右，云南省高级人民法院再审后，认为原二审判决认定事实清楚，证据确实、充分，定罪准确，审判程序合法，但对李昌奎改判死刑，缓期二年执行，剥夺政治权利终身，量刑不当。依照最高人民法院《关于执行〈中华人民共和国刑事诉讼法〉若干问题的解释》第三百一十二条第（二）项的规定，改判死刑，剥夺政治权利终身，并依法报请最高法院核准。最高法院终审判决死刑。

继"药家鑫案"之后，"李昌奎案"再一次使得刑事判决面临整个社会的关注。有人讲，李昌奎犯罪手段极其恶劣，不死不足以平民愤、振法纪。在二审后，针对社会公众对被告二审被改判"死缓"存在的疑问，云南省高级法院进行了相关的说明。针对二审改判理由过于简单的问题，该院某副院长表示，

第八章 判词精选

判决书不应详细阐述判决理由,"这是由我国的司法制度决定的,判决书的书写是概括式的,法官不能自由发挥"。事实上,这一说法并不符合相关法律要求。民事诉讼法第一百五十二条就明确规定:"判决书应当写明判决结果和作出该判决的理由"。

但这位副院长所说的情况在我国当前的审判体制下屡见不鲜。不仅在刑事判决中,即便在民事判决中,判决不陈述理由的现象也时有发生。许多判决书根本没有称述违法事实和裁量标准之间的关系。判决书缺乏充分的说理论证,很容易引起不必要的争端,甚至会在某些情况下,严重损害法律的权威性与司法的公信力。

法谚有云,"正义是从裁判中发声的";百姓们也常讲,"有理走遍天下,无理寸步难行"。判决是否客观、公平、公正,一条重要的标准就是看判决是否符合法律逻辑。然而,成文的法律体现的往往是抽象的、普遍的正义的理念,而这种理念必须通过具体的案件体现在特定的情境之中,这就需要法官对判决进行充分说理,将正义的理念转化为正义的实践。其实,从许多案件的审判结果来看,判决书对当事人双方都是公平公正的,但正因为判决欠缺说理,所以一方或双方会感觉"吃亏"。

因此,强化判决书的说理论证,就成为了一个亟待解决的问题。判决书说理能够充分体现以事实为依据、以法律为准绳的基本审判原则,同时也是法官应尽的责任。从某种意义上讲,每一份判决书都是正义理念在具体社会情境中的体现,显示了法官在将正义理念转化为正义实践方面的能力与水平。在国外,一份判决书可能成为司法实践的样本,在几年、几十年,甚至上百年的时间里产生影响。在我国,许多朝代也都对

官吏的公文称述提出了具体要求和严格规定。在当今社会，如果法官在判决中不能详细、透彻地称述判决理由，让当事人以及社会公众口服心服，那很难称得上是一名称职的法官。

从具体的操作层面来讲，判决要求法官能够自己说服自己。法官为了能够充分说服自己，就必须在庭审过程中充分听取当事人的辩护意见，认真查明案件事实，严肃对待任何有争议的问题，保证最终的案件裁判结果符合事实真相。同时，法官在判决书中强化说理论证，必须指出适用于待决案件的具体法律规定，澄清一系列问题：为什么要根据待决案件的事实来援引该法条而不是其他法条，该法条如何理解？该法条所确立的规范要件和法律效果是什么？该法条与案件事实的联系性如何？这一系列审慎思辨与精细考量的过程在一定程度上确保了裁判的客观、公平、公正。如果法官在判决中条分缕析地讲出了充足的、正当的理由，分清是非、明辨曲直，那当事人双方应该都能对判决心服口服。

在当今社会，判决书必须具备说理论证过程，还具有非常重大的现实意义，那就是说服关注案件的社会公众。现代社会越来越强调对司法的多渠道社会监督，尤其是对于一些热门案件，裁判结果不仅仅需要直面当事双方的合法诉求，更要直面社会公众的质疑与检验。一旦处置不当，很可能引发一系列社会问题。判决书的充分说理以及审判过程的公开透明，可以有效地减少社会公众对判决的质疑，既防止司法专横、肆意裁判，又能够对自由裁量形成一种有效的规范。同时，司法作为一种社会控制手段，具有引导的功能。纷繁复杂、瞬息万变的社会生活，绝非有限的法律条文能够完全规范和充分阐述的，这就需要借助司法裁判和解释来进行补充和引导。司法要发挥社会引导功能，前提就是具有公信力，能够得到社会公众的广泛认可和承认。如果法官在判决书中不能进行充分、透彻的说理，那即便判决合理，也难以避免当事人和社会公众由于不理解而产生的质疑与不满。在当今社会，对正义的要求，不仅表现为援引法律的正义，在一定程度上也表现为说理论证的正义。强化判决书的说理，不仅是保障司法权威性与公信力的必然要求，也是整个社会发展的必然趋势。

1. 你认为本章中哪一则判词写得最精彩？说说理由。
2. 中国古代的判词与我们今天的法院判决书有什么区别？
3. 一份好的判决书应该包含哪些要素？